稚趣教育

理论与实践

主　编　鲁雪莲
副主编　李佳穗　王露薇　刘　莉
编　委　付　敏　马利红　卢柯燏　李　娟　罗　旭
　　　　马　宇　且程颖　高惠香　傅晓帆　李　艳
　　　　朱丽丹　王洪英　高　恬　付　珍　周雪莲

四川大学出版社
SICHUAN UNIVERSITY PRESS

图书在版编目（CIP）数据

稚趣教育理论与实践 / 鲁雪莲主编． — 成都：四川大学出版社，2023.6
（大成陶书 / 姚文忠主编）
ISBN 978-7-5690-6168-0

Ⅰ．①稚… Ⅱ．①鲁… Ⅲ．①学前教育－教育理论 Ⅳ．① G610

中国国家版本馆 CIP 数据核字（2023）第 103407 号

书　　名：稚趣教育理论与实践
　　　　　Zhiqu Jiaoyu Lilun yu Shijian
主　　编：鲁雪莲
丛　书　名：大成陶书
丛书主编：姚文忠

丛书策划：曾　鑫
选题策划：曾　鑫
责任编辑：曾　鑫
责任校对：孙滨蓉
装帧设计：墨创文化
责任印制：王　炜

出版发行：四川大学出版社有限责任公司
　　　　　地　址：成都市一环路南一段 24 号（610065）
　　　　　电　话：（028）85408311（发行部）、85400276（总编室）
　　　　　电子邮箱：scupress@vip.163.com
　　　　　网　址：https://press.scu.edu.cn
印前制作：成都墨之创文化传播有限公司
印刷装订：四川盛图彩色印刷有限公司

成品尺寸：215 mm×225 mm
印　　张：15.5
字　　数：341 千字

版　　次：2023 年 6 月 第 1 版
印　　次：2023 年 6 月 第 1 次印刷
定　　价：99.00 元

本社图书如有印装质量问题，请联系发行部调换

版权所有 ◆ 侵权必究

雪山下的明珠

"窗含西岭千秋雪，门泊东吴万里船。"建华幼儿园就在雪山的脚下。成都大邑是个有故事的地方，这里风光秀丽、景色宜人，笔者曾有幸踏上大邑的土地，与大邑幼教人交流学习。因成都市"名园长领航项目"，笔者与鲁雪莲园长相识，与建华幼儿园结缘。建华幼儿园在鲁雪莲园长的带领下实现了跨越式发展，从家长眼中的"一般般"到"相信建华"，建华人在五年里发生"聚变"。这种"聚变"或许是成都市学前教育发展的缩影。一批尊重教育规律的教育领导者、一批信念坚定的幼教领头羊、一批学识扎实的幼教研究者、一批作风踏实的幼教实践者等形成了成都学前教育发展的浓厚氛围。

中国幼教人对于"怎么办好幼儿园"，一直在不断地探索……许多幼儿园正在进行中国幼教理论的探索与构建，这是一种可喜的现象。既然是学前教育工作者的一员，就应该有自己的思考和实践，"做有思想的园长，办有理念的幼儿园"，一直是笔者坚守的观点。今天，笔者有幸看到了鲁雪莲园长的佳作《稚趣教育理论与实践》，它所具备的意义，就是一位信念坚定的园长在沿着正确方向做正确的事。

稚，幼禾也。稚趣教育是以"幼禾"为本的教育。"幼禾"是幼儿，是具有丰富内涵的生命个体、独特的文化个体、有着自身发展规律的个体，是建华幼教人儿童观、儿童精神的重要体现。稚趣教育是"饶有趣味"的教育，是从"兴味"到"兴趣"再到"趣味"的过程教育。一切外界事物都有可能引起"幼禾"的兴致，"幼禾"作为具有生命意义的个体，不断地、大量地"吸附"着外部信息。"幼禾"在与外部信息交互的过程中，在成人的支持和引导下，对特定的外部事物和活动产生了适合于"幼禾"的内部倾向。这种倾向实现了"幼禾"成长经验的稳固且螺旋上升，实现了"幼禾"内心充实与满足，为"幼禾"持续发展奠定新的起点。稚趣教育以"稚"定位年龄特点，用"趣"阐明发展动力，具有稚幼性、体验性、互动性、趣味性特征。

可以说，稚趣教育理论，是鲁雪莲园长成长过程的智慧提炼；稚趣教育实践是鲁雪莲园长和她所带领的团队在田野实践中一步一个脚印实践的结晶，稚趣教育理论是中国幼教的一颗明珠。笔者期望我国的幼教事业产生越来越多的明珠，这样中国幼教才会在世界幼教领域光彩夺目。

东北师范大学　张泽东

2022 年 8 月 20 日

目 录 CONTENTS

第一章　稚趣教育理论的提出

第一节　稚趣教育的缘起　　002
- 一　我的稚趣教育故事　　002
- 二　成都未来教育家的倾心助力　　004
- 三　著名基础教育专家的指引　　006

第二节　稚趣教育的理论　　008
- 一　稚趣教育的定义、内涵和特征　　008
- 二　稚趣教育的构成要素解析　　012

第二章　稚趣教育的实践

第一节　稚趣教育课程体系　　018
- 一　稚趣课程目标体系　　018
- 二　时间安排　　030
- 三　课程审议　　032
- 四　课程评价　　034

第二节　稚趣课程的实施保障　　037
- 一　稚趣团队建设　　037
- 二　稚趣安全教育　　041
- 三　稚趣家园协同　　051

第三节　稚趣课程之劳动有趣主题课程　　056
- 一　劳动有趣主题课程目标　　056
- 二　劳动有趣主题课程操作要点　　059
- 三　劳动有趣主题课程管理　　064

i

第三章　稚趣课程之趣味种植活动

第一节	小班主题活动——种植西兰花	068
第二节	中班主题活动——落叶肥料	082
第三节	大班主题活动——甜甜西瓜	096
第四节	大班主题活动——建华的鹅朋友	108

第四章　稚趣课程之趣味食艺活动

第一节	小班主题活动——我和娃娃菜有场约会	124
第二节	中班主题活动——哇，恐龙饼干	137
第三节	大班主题活动——数字馒头	154

第五章　稚趣课程之趣味布艺活动

第一节	小班主题活动——布布生花	168
第二节	中班主题活动——一布揉青蓝	183
第三节	大班主题活动——有趣的编织	196

第六章　稚趣环境创设

| 第一节 | 户外环境 | 210 |
| 第二节 | 室内环境 | 231 |

后记　　239

第一章

稚趣教育理论的提出

在建华幼儿园的门厅正中，可见"建自活学，华于稚趣"这句话。

"活学"代表什么？"稚趣"是何含义？

从充满故事的鹅舍，到绿树成荫的锅锅宴；从色彩多样的蔬果，到种类丰富的花卉；从挑战勇气的攀爬网，到肆意奔跑的大操场；从一丝不苟的刺绣编织，到香味四溢的美食烹饪……孩子们活泼的身影闪动在建华幼儿园的每个角落，孩子们欢快的笑声和可爱脸庞洋溢的那束自信光芒总会给大人们留下深刻的印象。

这就是建华幼儿园的日常。

在这一群活泼灵动的幼儿身后，老师们秉持幼儿园教育要适合幼儿、饶有趣味的思想信念，坚持幼儿园课程要从幼儿生活出发，回归幼儿生活。这源自中国幼教之父陈鹤琴"活教育"思想指引，融合了建华幼儿园独特的稚趣教育文化。

建自活学，华于稚趣。

"活学"是对经典"活教育"的致敬。"稚趣"是建华幼儿园的生发创造——让教育适合幼儿、饶有趣味。

第一节　稚趣教育的缘起

一　我的稚趣教育故事

大邑，雪山下的公园城市，是我出生和成长的地方。随着国家乡村振兴战略的实施，大邑的自然资源和社区资源得到了科学整合与利用，而乡村教育资源配置的进一步合理优化，又为人的发展带来更好的环境支持。

（一）稚趣的根系土壤

小时候，我是一个奔跑于山水间的"蛮女儿王"。终于有一天，家人觉得我不能再这么撒野，应该去上幼儿园了。妈妈背着妹妹，把我送到幼儿园门口。我当时哭没哭也不记得了，但我那时对幼儿园生活应该适应得比较快！

记忆中的幼儿园，有一片天然的土质操场，大太阳的天气，孩子们跑起来还会有灰尘，我们就使劲儿跑，比谁身后的灰尘扬得高。操场西面是木质滑梯，我们不厌其烦地爬上去、滑下来，裤子往往会被磨损出破洞，我们就比一比，谁裤子上的破洞更大、更圆。破洞一般出现在屁股上，偶尔也出现在膝盖处，不过，这种情

况一定是在老师没看见的时候。秋千是我最喜欢也最害怕的。那时，我特别羡慕班上一个同学，她有个在隔壁中学读书的哥哥，每到课间，哥哥就过来推她荡秋千，荡得老高。而隔壁学校里堆砌在围墙角的建筑材料都能成为我们的玩具。

这就是我的童年，或者说是童年的乐趣。稚趣，在美丽乡村的滋养和伴随之下，早已根植于童年的记忆。

（二）稚趣的萌芽生长

从小到大，师长们对我的评价都很一致：又乖又调皮的好学生。这里仅以几件小事证明大家的评价是真实的。

我喜欢吃西瓜。有次和家人一起，我生怕动作太慢而少吃一块，奶奶看我狼吞虎咽的样子，说："西瓜的籽不要吞到肚子里，否则会从头上发芽长出来……"我听得两眼放光："那不是更好，随时有瓜吃？最好是吞一颗能长成树的种子，头上长出一棵果树，太阳晒不着，雨也淋不到，更不怕挨饿，我就可以顶着果树到处去旅游！"到现在，我吃西瓜也不怎么吐籽。

我小时候上学，要经过一条小河，河上没有桥，过河要借助大人们用大石头摆出的"石步子"，一步一跳。每每遇到涨水，同学们还要脱下鞋子，几个人搀扶着"摸石头过河"。我那时不害怕，反而还期待着这样的日子。后来修桥了，那是我第一次看到建筑仪器，人们比比量量，建好了桥，那桥一直用到今天。

我在放学路上，经过一农户家门前，前面几个同学疯疯打打，引起一条恶狗的注意并向我们扑过来。同行的小伙伴边跑边向我喊："快跑！快跑！"我觉得纳闷："又不是我惹它的，我干吗要跑？"当我最终以奇怪的姿势一路走回家时，所有人都笑我被一只狗咬了屁股。但让我焦虑很久的不是嘲笑，而是那时没打疫苗，我一直担心狂犬病的潜伏期究竟过没过，我会不会发病？

每天晚上，我都能听到父母的训斥："这么晚了还不去睡，明天还要上学，一天到晚就知道看电视……"躺在床上，我心里就特别气愤：凭什么大人就可以看电视？小孩子真受气呀，等我长成大人的时候，一定要自己买个电视机，从天亮看到天黑，再从天黑看到天亮！如今，追剧仍是我休闲放松的方式之一。

就这样，在老师和亲人的陪伴和包容下，我渐渐成长为自己想要的模样：内心一直住着一个孩子，能看见并享受生活的趣味。原来，稚趣一直围绕着我，如影随形。

（三）稚趣教育的笃定前行

我成为一名幼儿教师后，恍然大悟——我的父母和老师真的太伟大了，他们帮助我成为我自己。

1997年6月，初中毕业的我上了中师中专分数线。当时有几个可供选择的专业：一是财会专业，可我实在不擅长和数字打交道；二是卫生医疗，打小晕血的我自然也不敢考虑。于是，我的中考志愿填报了成都幼儿师范学校，选择成为一名幼儿教师。

在我眼里，幼师的学习时光丰富多彩，充满乐趣。三年的学习，不断唤起我幼儿园记忆，让我这个从农村走出去的孩子增长了见识，也获得了属于自己的专业自信。老师和同学们都说我选对了职业。当然，三年里，我偶尔会调皮捣蛋，但我的学业丝毫没敢落下。2000年，我成为学校的优秀毕业生，回到了家乡大邑。那时的我，满腔热忱，奔赴山海，立志做一个快乐的幼教人，要让孩子们在我的陪伴下，享受趣味盎然的童年时光。

从教22年，从一线教师到行政管理，无数的孩子、家长和同行在帮助和影响着我，让我感受到肩上越来越重的教育责任。我越来越清晰地认识到，不论是做教师还是园长，我都要用专业、用深情守护孩子的童年，而我能做的，就是努力影响更多的幼教人，共同守护幼儿园的这一段童年时光。

一路走来，我庆幸自己始终注视着孩子，没有被纷繁的名利湮没；我庆幸自己始终紧握着专业，没有被形式化的事务牵绊；我庆幸自己始终坚持着梦想，没有被讽刺和嘲笑击倒；我庆幸自己始终保存着敬畏，没有被世俗观念左右。

适合幼儿、饶有趣味，稚趣教育，志趣所向！我必倾其一生，不断前行！

成都未来教育家的倾心助力

（一）相遇

2016年初，首届成都未来教育家毕业前游学芬兰。在即将离别赫尔辛基的前夜，21位成员集体盟约，誓言要在天府的土壤上抱团发展，集体攻关，教育实践再三年。时任成都市教育科学研究院院长的罗清红，是成都未来教育家联盟的发起者，他深知，只有根植于真实环境下的教育实践，才具有现实的价值与意义。为此，成都未来教育家联盟确定了实践的方向和原则：走向农村、走进城镇，做平民教育的典范。于是，联盟开始寻找心目中的实践基地学校。成都未来教育家联盟学前部部长、成都市金牛区机关第三幼儿园园长高翔是首批未来教育家中学前教育段成员。高园长是我的师父，对我勤学实干的精神非常赞赏，对这所三圈层的新建幼儿园也十分了解，于是，她推荐了建华幼儿园。

时值暑假，成都未来教育家联盟理事长罗清红接受大邑县教育局党组书记、局长杨文学的诚挚邀请，轻车简从到建华幼儿园实地考察。一番实地察看，一席深入交谈，成都未来教育家基地园尘埃落定。就这样，一群未来教育家带着他们的教育梦想，走进了一所成都远郊的新建幼儿园。

（二）赋能

2017年11月16日，成都未来教育家基地园挂牌仪式在建华幼儿园隆重举行。仪式上，成都未来教育家联盟秘书长、成都市龙泉驿区教科院副院长周兆伦用一副对联"建兰珠蕾北辰喜，套曲鹤琴西蜀华"表达了成都未来教育家联盟对建华幼儿园的肯定和期许。

从此，成都未来教育家的身影便时常出现在这个连门口道路都还不甚通畅的幼儿园。罗清红、高翔、周兆伦、何煦、彭海霞、王红宇、叶剑等人，从园本培训到园本教研，从日常教学到课题研究，从队伍建设到园所管理，直击痛点，直面问题，为这所新建幼儿园全面赋能。每个月的常态化指导，每个季度的阶段回顾，每个年度充满学术味的总结研讨，让建华幼儿园历练成长，同时，面向市县各级开放，惠及更多的教育同行。

（三）聚变

数年的实践，未来教育家群体与这所幼儿园不断"量子纠缠"，所产生的"聚变反应"让人惊叹。五年前，建华幼儿园因为道路问题推迟开园而被家长称为"骗子学校"，在一大堆抱怨声中仅招收了42个孩子。5年后，当一批又一批活泼灵动的孩子从建华幼儿园毕业，踏入小学的校门，家长们从各种渠道发出最多的声音是"相信建华"，教育同行也赞叹："建华的孩子真的不一样。"在成都未来教育家联盟基地园第二轮发展中，建立区域联动机制，辐射带动省市范围内更多的幼儿园共同发展。

5年来，建华幼儿园教师队伍不仅人数剧增，而且专业成长十分明显。在成都未来教育家的帮助下，建华幼儿园的稚趣教育品牌，让全园师生真正体会着幼儿教育带来的幸福感受。"聚是一团火，散是满天星。"这既是一路的汗水收获，也是一路的坚定前行，更是一路的不悔追求。

二、著名基础教育专家的指引

一位白发苍苍的老人，因为心中的幼教情结，与建华幼儿园结下不解之缘。他就是姚文忠，中国著名的基础教育专家。他满头银发，精神矍铄，思维清晰敏捷，让许多年轻人自叹不如。他被大家亲切地称作"姚老"，却有着孩童一般清澈透明的内心，像慈祥的长辈，总是不遗余力地提携后辈。

作为成都未来教育家联盟的专家顾问，姚老对基地园的发展十分关切，他跟我聊天时说道："我是我们那个年代为数不多的上过幼儿园的人，我对幼儿园有特殊的感情。你这所幼儿园究竟为谁而办？要办成什么样子？又该怎么办？你想好了吗？"一连串的问题让我明白，必须静下心来对幼儿园的办园思想、园所文化和课程特色等顶层设计进行深入思考。

姚老听到建华幼儿园想要从学习研究中国幼教之父陈鹤琴的活教育入手，探索活教育的建华模式，再逐步形成个性特色的发展思路后，向我引荐了陈鹤琴先生的外孙柯小卫教授。之后，柯小卫教授只要到成都，都会抽出时间到建华幼儿园进行深入指导，让建华幼儿园活教育园本化实践卓有成效。

在活学课程实践的过程中，教育思想也在逐步凝练，建华幼儿园于2020年正式提出稚趣教育。当理论框架思路初步成形，我第一时间请姚老过目。大到文稿结构思路，小到段落语句措辞，姚老逐一耐心指导。临走前，他语重心长地对我说："稚趣教育，很有意义。好好实践，两年后，我们再来聊。"姚老专门赠送了我一本他自己学陶用陶的心得文集《师陶实学文存》，这本书激励并提醒着我，任何优秀的办学成果都来自扎扎实实的真实践。

2020年11月，中国教育学会主办全国"致力于公平而有质量的教育研讨会暨成都未来教育家基地校发

展分享会"，建华幼儿园的稚趣教育在会上分享，不论是"适合幼儿，饶有趣味"的核心理念，还是"运动有趣""劳动有趣""故事有趣""人们有趣""草木有趣""创意有趣"的稚趣课程，都引起了幼教同行的广泛关注。姚老欣慰地评价："稚趣——新文化、新技术、新教育理念和期望下的这个概念，将深刻改变幼儿园的时空和运动。"

建华幼儿园的老师们说，每次姚老到幼儿园，都会去转园子，每个牌子、每个玩具他都可能发问，而且总会有些精辟话语，发人深省。每次陪着姚老散步，让我感觉是在陪着纯真的孩童，这应该就是陈鹤琴先生所说的赤子之心吧。幼儿园就该是属于幼儿的，充满趣味的。这是建华幼儿园的追求，也是建华幼儿园稚趣教育文化的精髓所在。

第二节 稚趣教育的理论

稚趣教育的定义、内涵和特征

（一）稚趣教育的提出

1. 稚趣教育的现实背景

大邑县建华幼儿园地处成都远郊县城的中心，是学前教育三年行动计划中启动的一所新建幼儿园。幼儿园是该区域方圆几公里内仅有的一所公办幼儿园。家长从最初的"入园近"到后来的"入好园"，从量的满足到质的需要，对幼儿园提出了更加立体的高质量发展要求。

开园第一年，建华幼儿园挂牌"成都未来教育家基地园"，成为中国教育学会成都未来教育家延伸项目组具体指导的实践基地。作为成都市范围内唯一的一所基地园，幼儿园不仅需要自身内涵优质发展，更是肩负区域示范辐射的重要任务，这要求幼儿园必须高质量发展。

由于是新建园，教师队伍整体经验相对欠缺，整个团队需要站在全新的科学起点，快速磨合，通过科学合理的支持规划，促进教师专业成长，实施最适合幼儿身心特点的课程，多方协同促进儿童身心健康发展。这些具体目标要达成，教育思想的建设和引领是核心关键。

一所新建幼儿园，全新的教师队伍，遇上未来教育家基地园的契机，面对学前教育高质量发展的追求，提出稚趣教育。

2. 稚趣教育的时代背景

中国特色社会主义进入新时代，建设教育强国，建设高质量教育体系，成为教育发展直接指向的目标。为党育人，为国育才，国家人才培养着眼长远，注重必备品格与关键能力培养。学前教育作为基础教育的开端，更是肩负着重要奠基任务，《中共中央 国务院关于学前教育深化改革规范发展的若干意见》要求幼儿园立足国情，办出具有中国特色的高品质幼儿园，满足人民群众对幼有所育的美好期盼。

《幼儿园教育指导纲要》指出幼儿园要"尊重幼儿身心发展的规律和学习特点，以游戏为基本活动"。《教育部关于规范幼儿园保育教育工作防止和纠正"小学化"现象的通知》明确规定幼儿园"要遵循幼儿的年龄特点和身心发展规律……坚持以游戏为基本活动"。《3—6岁儿童学习与发展指南》（以下简称"指南"）进一步梳理了3～6岁幼儿学习与发展的基本规律和特点。《幼儿园工作规程》强调幼儿园要"遵循幼儿身心发展特点和规律"，"以游戏为基本活动，寓教育于各项活动之中"。《中共中央 国务院关于学前教育深化改革规范发展的若干意见》规定"幼儿园要遵循幼儿身心发展规律……坚持以游戏为基本活动……坚决克服和纠正'小学化'倾向"。

一系列文件直接指向目前幼儿园发展中的短板和问题，指出幼儿园应该立足幼儿身心特点，通过科学保教，促进幼儿健康快乐成长。"适合幼儿，饶有趣味"的稚趣教育思想正是在这样的时代背景下生成和发展的。

3. 稚趣教育的理论背景

卢梭的自然主义教育思想认为，教育要遵循自然规律，要发展儿童的天性。裴斯泰洛齐认为，教育的目的在于培养儿童道德、智慧、体力各方面能力和谐发展的完善的个性。福禄贝尔作为幼儿园的首倡者，主张人的教育应当按照儿童的本性，连续、协调地促使他们在各方面得到发展，认为游戏是幼儿的主要活动内容。蒙台梭利的"敏感期"理论认为，教育要与儿童发展的敏感期吻合，适应不同的成熟节律。杜威主张从经验中学习，认为儿童的主观经验应该成为教材的起点和中心，儿童有兴趣的活动是最理想的课程。

中国幼教之父陈鹤琴的"活教育"思想，是中西方先进的教育思想与中国教育实际的有机结合与发展。

活教育的目的论（"做人，做中国人，做现代中国人"），从"做人"开始，把教育目的划分为依次递进的三个层次。"做人"是"活教育"一般意义的目的。"做中国人"就是要培养中国公民，使其热爱家乡、热爱祖国、热爱人民，具有爱国主义品质。"做现代中国人"需要具备五个方面的条件：一是健全的身体，二是创造的能力，三是服务的精神，四是合作的态度，五是世界的眼光。

活教育的课程论（"大自然、大社会都是活教材"），强调历来被忽视的活生生的自然和社会。让儿童在与自然和社会的直接接触中，在亲身观察、体验、操作、探究中建构经验、获得知识，并将课程内容具体化为"五指活动"：健康活动、社会活动、科学活动、艺术活动和文学活动。五指活动相互连接构成一个整体，其目的在于建立中国儿童教育新方案，从儿童生活出发，完成儿童的完整生活。

活教育的方法论（"做中学，做中教，做中求进步"），提倡教学做合一，特别强调游戏是儿童最重要的生活。陈鹤琴认为唯有"做"才能有经验，理论与实践才得以结合，知识和技能才得以联结。"学"是思维、积累，"教"是引导、支持，"学"的兴趣浓厚，"教"的落到实处，"做"让教与学产生真切联结，使教学获得真实成效，实现"教学相长"，即"做中求进步"。其将教学过程分为"四步骤"：一是实验与观察，二是阅读与参考，三是发表与创作，四是批评与研讨。这四个步骤是教学过程的一般程序，不是机械的、割裂的，体现了以"做"为基础的主动学习。

"活教育"思想扎根中国土壤，为中国幼儿教育理论和实践提供了科学权威的参考。建华幼儿园从活教育的园本化出发，历经5年多的探索实践，凝练提出"稚趣教育"。

（二）稚趣教育的定义和内涵

1. 稚趣教育的定义

稚，《说文解字》释义："稚，幼禾也。"汉字起源与演变解读："稚，会意字。本意为幼禾，泛指幼小。"趣，《说文解字》释义："趣，疾也。"汉字起源与演变解读："趣，形声字。走表意，快步走；取表声，兼表快步走必有所取。本意为趋向，引申为兴味、兴趣、趣味。"其中，兴味指主体本身对事物的兴致倾向；兴趣，指主体认识事物和从事活动的意识倾向；趣味，指兴趣爱好。兴味是发端，兴趣是持续动力，趣味是过程体验。由此可见，稚为年龄特点，趣为动力系统，稚趣可解释为适合幼儿、饶有趣味。

稚趣教育是指充满趣味的幼儿培养系列活动过程。具体来说，稚趣教育是指通过适合幼儿年龄特点、饶有趣味的互动过程，促进幼儿身心和谐发展的实践活动。

2. 稚趣教育的内涵

透过稚趣教育的定义，可以从以下几个方面来解读其内涵。

第一，稚趣教育的核心理念是适合幼儿、饶有趣味。站在幼儿的立场，从幼儿的视野出发，让教育过程充满兴味、兴趣、趣味。该理念贯穿教育的全过程，指导教育的各个方面。

第二，稚趣教育必须立足幼儿年龄特点。稚特指幼儿，因此稚趣教育要综合考虑幼儿在健康、语言、社会、科学、艺术领域的学习与发展特点，选择符合该阶段身心特点的教育内容和形式。

第三，稚趣教育的目标是促进幼儿身心和谐发展，为"培养德智体美劳全面发展的社会主义建设者和接班人"奠定坚实的基础，因此具体地讲，稚趣教育的目标是培养活泼灵动的新时代中国娃。

第四，稚趣教育的基本方式是游戏。稚趣教育是一种实践活动，需要通过选择适合幼儿并能引发其参与兴趣的方式进行，那就是以游戏为基本方式，在一日活动中促进幼儿身心发展。

（三）稚趣教育的特征

稚趣教育以"稚"定位年龄特点，用"趣"阐明发展动力，具有稚幼性、体验性、互动性、趣味性特征。

1. 稚幼性

稚幼性是稚趣教育的首要特征。稚幼，特指幼儿、幼童，主要聚焦3~6岁儿童。首先，稚趣教育要求教育者正确认识幼儿，幼儿是具有丰富内涵的生命个体，其发展应该得到呵护与支持；幼儿是独特的文化个体，是整个社会的重要一员；幼儿同时是权利个体，享有生存权、发展权、参与权、受保护权，理应受到尊重。其次，稚趣教育要求教育者科学研究幼儿，尊重儿童的共性特点和个性特点，遵循幼儿发展规律，选择贴近幼儿生活的内容，以适合幼儿的方式促进其身心和谐发展。因此，可以说稚幼性诠释了稚趣教育的儿童立场，代表着稚趣教育的儿童观。

2. 体验性

从稚幼性可见，幼儿特点是稚趣教育的实施前提，而体验感受丰富的世界是幼儿学习发展的主要途径。因此，体验性成为稚趣教育的显著特征。幼儿阶段的学习的方式主要是生活和游戏。幼儿是通过活动过程中的直接感知、实际操作、亲身体验来积累经验的。教师通过创设适宜的活动环境，充分发挥环境、材料、成人、同伴等因素的积极作用，提供充分的参与机会，让幼儿获得丰富的体验，从而建构起对自然和社会的基本经验。同时，教师立足幼儿身边的资源，通过大量的社会实践、观摩活动，让幼儿逐步建立归属感，让优秀的家乡文化、中国文化在幼儿内心植根。

3. 互动性

在体验的形式基础上，要推动幼儿身心发展，稚趣教育还要具有互动性。因为幼儿在体验中，要通过多种互动关系，实现与自己、与他人、与社会、与世界的对话。这种互动关系，包括幼儿与幼儿、幼儿与成人、

幼儿与环境。幼儿和成人的互动，主要包括师幼互动和亲子互动。幼儿与幼儿的互动，主要包括班级内部互动和跨班级互动。幼儿与环境的互动，主要指幼儿与生活学习环境如家庭、幼儿园、社区之间的互动。这当中，不仅包括认知层面的互动，从而促进认识发展的过程，更应该有情感层面的互动，促进情感发展的过程。这种共同生活、共同研讨、共同进步的互动性关系质量，是促进幼儿身心发展的关键。

4. 趣味性

立足幼儿特点，在互动体验中促进其发展，但整个过程要实现身心和谐，还需要趣味性支持，这是稚趣教育最重要的特征。趣，指兴味、兴趣、趣味。丰富的环境引发幼儿的感知和注意，使其产生操作体验的愿望倾向。幼儿在成人的引导与支持下，在互动体验的过程中，兴趣不断被激发，亲历感受活动过程的趣味与成功的满足。经验迁移，幼儿未来会对同类型或者相关联的事物，萌发更广泛与浓厚的兴致，从而螺旋式产生新的循环起点，幼儿的经验也在这样的循环往复中不断提升。因此，"趣"是幼儿学习的动力系统，趣味性是支持幼儿可持续发展的动能，是稚趣教育最核心的特征。

稚趣教育的构成要素解析

要素，指构成某个事物或系统的基本单元。我们通过对稚趣教育的定义和特征的了解，进一步分析稚趣教育的构成要素，主要从对象、目标、过程和形式四个维度进行分析，稚趣教育的构成要素包括幼儿、全面发展与关键能力、完整生活、游戏。

（一）幼儿

幼儿，是稚趣教育的对象，是稚趣教育的出发点和归宿。

稚趣教育的幼儿中心。稚趣教育围绕幼儿展开，从幼儿已有水平出发，促进幼儿朝着积极和谐的方向全面和谐发展。也就是说，稚趣教育的全过程都为幼儿的发展服务。

稚趣教育的年龄特点。稚趣教育是立足幼儿阶段的身心特点而进行的培养活动。教育者要正确认识幼儿，科学研究幼儿，建立合理期待，充分考虑其身体状况、已有经验、兴趣倾向、性格特点等因素，开展科学适宜的教育活动。

稚趣教育的儿童视角。稚趣教育以幼儿发展为本，尊重幼儿的权利，站在儿童的立场，充分认识和理解儿童视角，以适合幼儿认知特点的方式促进幼儿个体向前发展。

（二）全面发展与关键能力

目标是教育的努力方向，稚趣教育强调幼儿身心的全面和谐发展。

稚趣教育目标的全面性。稚趣教育贯彻落实立德树人根本任务，坚持五育并举方针，培养活泼灵动的新时代中国娃，确立"乐运动、亲阅读、爱劳动、喜探究、愿合作、玩创意"的课程目标，从知、情、意、行不同维度，促进幼儿全面和谐发展。

稚趣教育内容的丰富性。在稚趣教育理念和培养目标的引领下，科学建构了稚趣教育的课程内容：运动有趣、劳动有趣、故事有趣、人们有趣、草木有趣、创意有趣。幼儿通过参与一日生活中的趣味盎然的主题活动，获得参与体验，得到发展。

稚趣教育关键能力的培养。在幼儿阶段基础能力品质培养的基础上，稚趣教育重点关注三大关键能力：想象能力、交往能力、专注能力。

想象能力包含好奇、观察、模仿、创新四个子能力。四个子能力分别包含的具体指标为：好奇——关注、探究、提问；观察——目的、条理、思考、总结；模仿——单项模仿、多项模仿、整体模仿；创新——局部替换、迁移重组、自主生成。

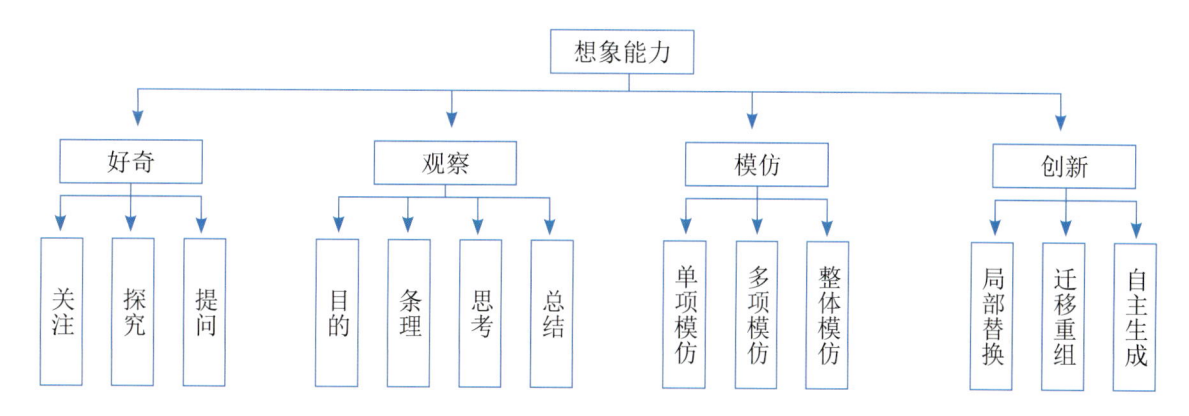

交往能力包含活力、乐群、合作三个子能力。三个子能力分别包含的具体指标为：活力——精力充沛、行动积极、态度乐观；乐群——适应集体、关心他人、乐于分享；合作——尊重他人、协商沟通、共同执行。

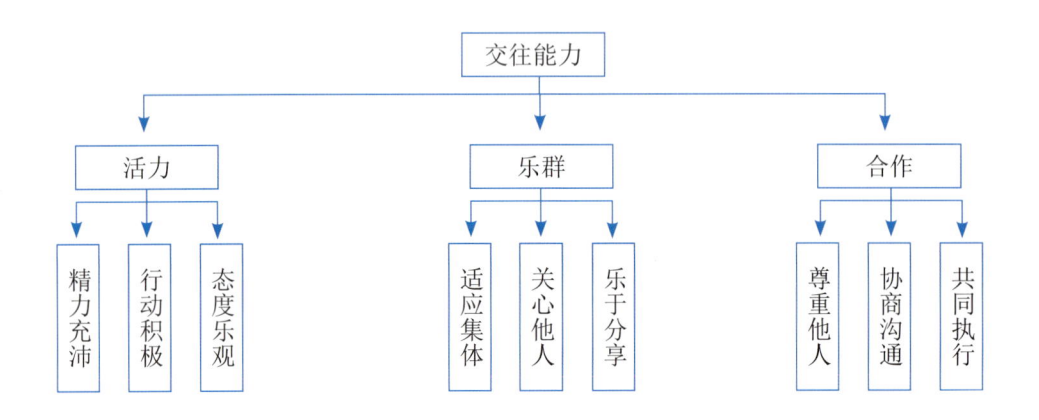

```
                        交往能力
        ┌───────────────┼───────────────┐
       活力            乐群            合作
    ┌───┼───┐      ┌───┼───┐      ┌───┼───┐
   精  行  态     适  关  乐     尊  协  共
   力  动  度     应  心  于     重  商  同
   充  积  乐     集  他  分     他  沟  执
   沛  极  观     体  人  享     人  通  行
```

专注能力包含兴趣、注意、控制、坚持四个子能力。四个子能力分别包含的具体指标为：兴趣——参与性、投入度；注意——选择对象、集中精力、调节保持；控制——表达情绪、控制情绪；坚持——耐心、毅力、责任感。

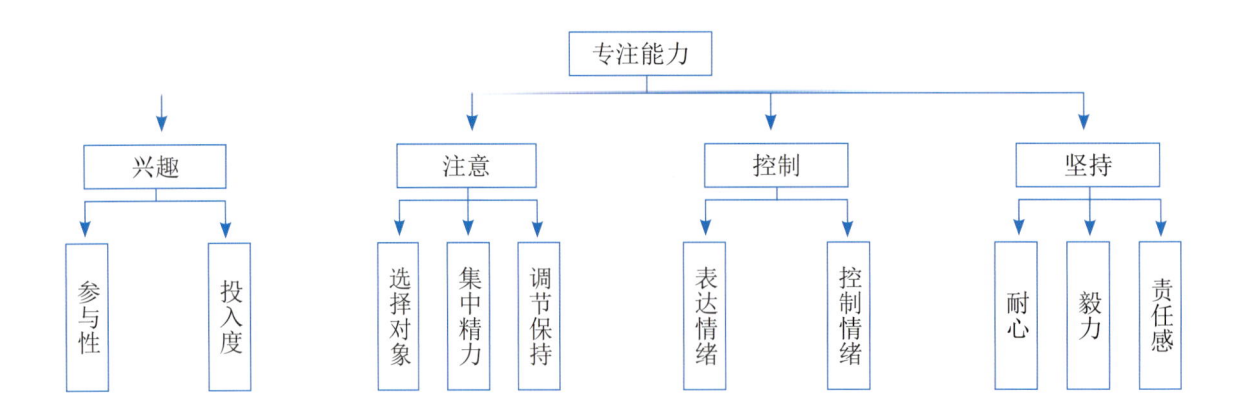

```
                        专注能力
        ┌───────────┬───────────┬───────────┐
       兴趣        注意        控制        坚持
      ┌──┴──┐   ┌──┼──┐      ┌─┴─┐     ┌──┼──┐
     参   投   选  集  调    表   控    耐  毅  责
     与   入   择  中  节    达   制    心  力  任
     性   度   对  精  保    情   情            感
              象  力  持    绪   绪
```

第一章 稚趣教育理论的提出

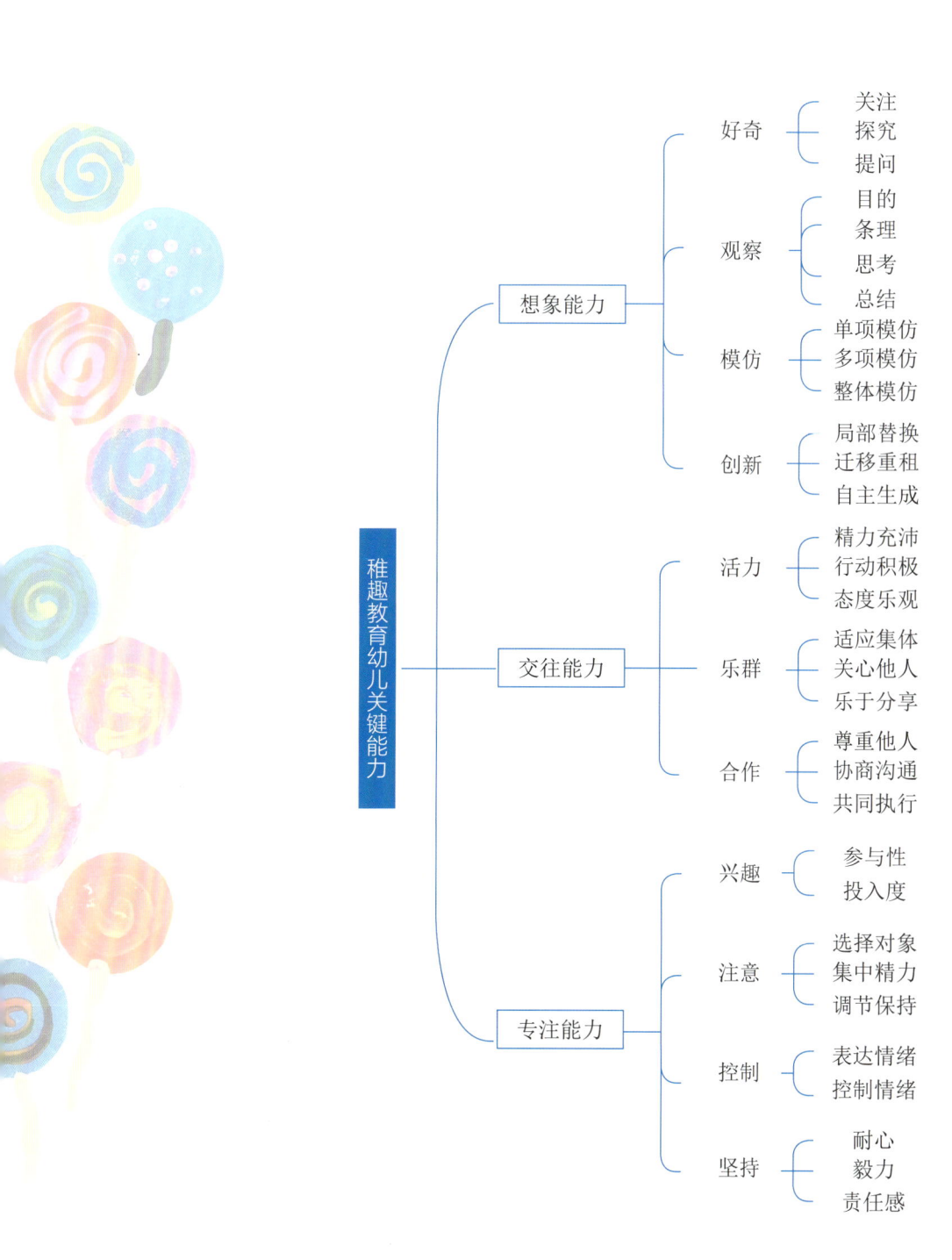

```
                              ┌ 关注
                      好奇 ─┤ 探究
                              └ 提问
                              ┌ 目的
                              │ 条理
                      观察 ─┤ 思考
            想象能力          └ 总结
                              ┌ 单项模仿
                      模仿 ─┤ 多项模仿
                              └ 整体模仿
                              ┌ 局部替换
                      创新 ─┤ 迁移重组
                              └ 自主生成

                              ┌ 精力充沛
                      活力 ─┤ 行动积极
                              └ 态度乐观
稚趣教育                      ┌ 适应集体
幼儿关键     交往能力   乐群 ─┤ 关心他人
能力                          └ 乐于分享
                              ┌ 尊重他人
                      合作 ─┤ 协商沟通
                              └ 共同执行

                              ┌ 参与性
                      兴趣 ─┤
                              └ 投入度
                              ┌ 选择对象
                      注意 ─┤ 集中精力
            专注能力          └ 调节保持
                              ┌ 表达情绪
                      控制 ─┤
                              └ 控制情绪
                              ┌ 耐心
                      坚持 ─┤ 毅力
                              └ 责任感
```

015

（三）完整生活

过程，是教育评价的重点，稚趣教育关注幼儿完整的生活过程。

稚趣教育的生活化。稚趣教育源于生活，回归生活，坚持让幼儿的学习与发展在真实的生活中真实发生。稚趣教育将教育目标有机渗透到幼儿的一日生活当中，利用生活中的丰富教育契机，促进幼儿的发展，实现教育从生活中来，又回到生活中去服务幼儿生活。

稚趣教育的整合性。在生活学习中体现整合性的教育理念。稚趣教育坚持立体地看待幼儿的发展，在幼儿园一日生活中以整合性思维预设与生成课程，以领域高度融合、一日有机渗透的高质量保教活动促进幼儿发展。

稚趣教育的完整性。稚趣教育重视幼儿亲历体验完整的生活过程，让幼儿在有准备的环境下，全过程、多维度地深度感知、操作、体验，在完整的生活过程中获取丰富多样的生活与学习经验，从而获得身心的全面和谐发展。

（四）游戏

游戏，是幼儿的基本活动方式，稚趣教育重视幼儿的游戏体验，坚持让幼儿在游戏中学习与发展。

稚趣教育的趣味性在游戏中充分彰显。游戏对幼儿有着天生的吸引，幼儿之所以对游戏情有独钟，是由其身心特点决定的。游戏能满足幼儿的好奇、好动、模仿、想象等身心发展需要，他们在游戏中会表现出全情投入状态。

稚趣教育的游戏和游戏化课程。稚趣教育让幼儿在游戏中学习，包括幼儿自主游戏中的兴趣追随和课程化的教育引导，以及教师预设课程中坚持适合幼儿身心特点、充满趣味的游戏化支持。

稚趣教育的游戏体验和游戏经验。游戏对于幼儿阶段的社会性发展，尤其是情绪情感发展有着重要作用。稚趣教育重视幼儿在游戏过程中的情绪情感体验，让幼儿在充分体验乐趣的同时，通过游戏发现问题、寻找策略、彼此合作、解决问题，获得综合发展经验。

第二章

稚趣教育的实践

高品质幼儿园建设成为幼儿园的重要目标。何谓高品质？要从幼儿园文化建设、群体面貌、课程样态等几个维度进行综合衡量。

稚趣教育文化是建华幼儿园在办园过程中形成的一种特有的价值观念。稚趣教育理论需要在实践中去检验，更需要通过实践来进一步完善理论。

建华幼儿园的教师、幼儿和家长，构成幼儿园内涵发展的群体。这当中，教师必然是幼儿园最宝贵的资源。稚趣教育要"成就自信阳光的中国幼教人"，因为幼儿园保教队伍是稚趣教育实施的关键。

稚趣课程是建华幼儿园品质建设、提升过程中各相关因素的综合连接载体，是幼儿园稚趣教育内涵优质发展的最直接体现。对于建华幼儿园而言，稚趣教育文化、保教队伍、稚趣课程是相互支持、共同发展的完整体系。

第一节 稚趣教育课程体系

稚趣课程目标体系

稚趣课程的发展历经模仿学习、局部改组、内生创造三个阶段,在保证幼儿全面和谐发展的基础上,依托课题研究逐步丰富园本课程的内容,初步形成稚趣课程六趣板块:运动有趣、劳动有趣、故事有趣、人们有趣、草木有趣、创意有趣。劳动有趣主题课程是实践研究的主要板块。

(一)课程理念及目标

1. 课程理念

完整的生活、丰富的体验、有效的互动、趣味的学习、全面的儿童。

依据《3-6岁儿童学习与发展指南》精神,以"活教育"思想为理论基础,秉持"适合幼儿、饶有趣味"的稚趣教育理念,以活泼灵动的新时代中国娃为培养目标,课程源于幼儿生活,回归幼儿生活,让幼儿在与环境事物的互动过程中,体验学习与生活的乐趣,获得身心全面和谐发展。

2. 课程目标

乐运动	身心健康，动作协调灵敏，积极参加多种运动锻炼，敢于不断挑战自我。
亲阅读	学会认真倾听，语言表达清楚、文明，喜欢阅读，能用自己的方式进行书面表达。
爱劳动	养成良好的劳动习惯，具备符合年龄特点的基本生活自理能力、自我保护能力和学习能力；喜欢且坚持劳动，感受劳动光荣，懂得珍惜劳动成果。
喜探究	有好奇心和求知欲，具有初步的探究能力，能通过直接感知、亲身体验、实际操作解决生活中的问题。
愿合作	喜欢并适应集体生活，能与他人友好相处，遵守生活中的基本规则，愿意与他人合作，关爱他人，有归属感。
玩创意	能感受和欣赏生活中美的事物和表现形式，充分发挥想象，运用歌唱、表演、绘画、手工等多种方式表现和创造美。

（三）课程结构与内容

稚趣课程结构主要包括五大领域基础课程以及劳动有趣主题课程。

1. 课程结构

课程结构图

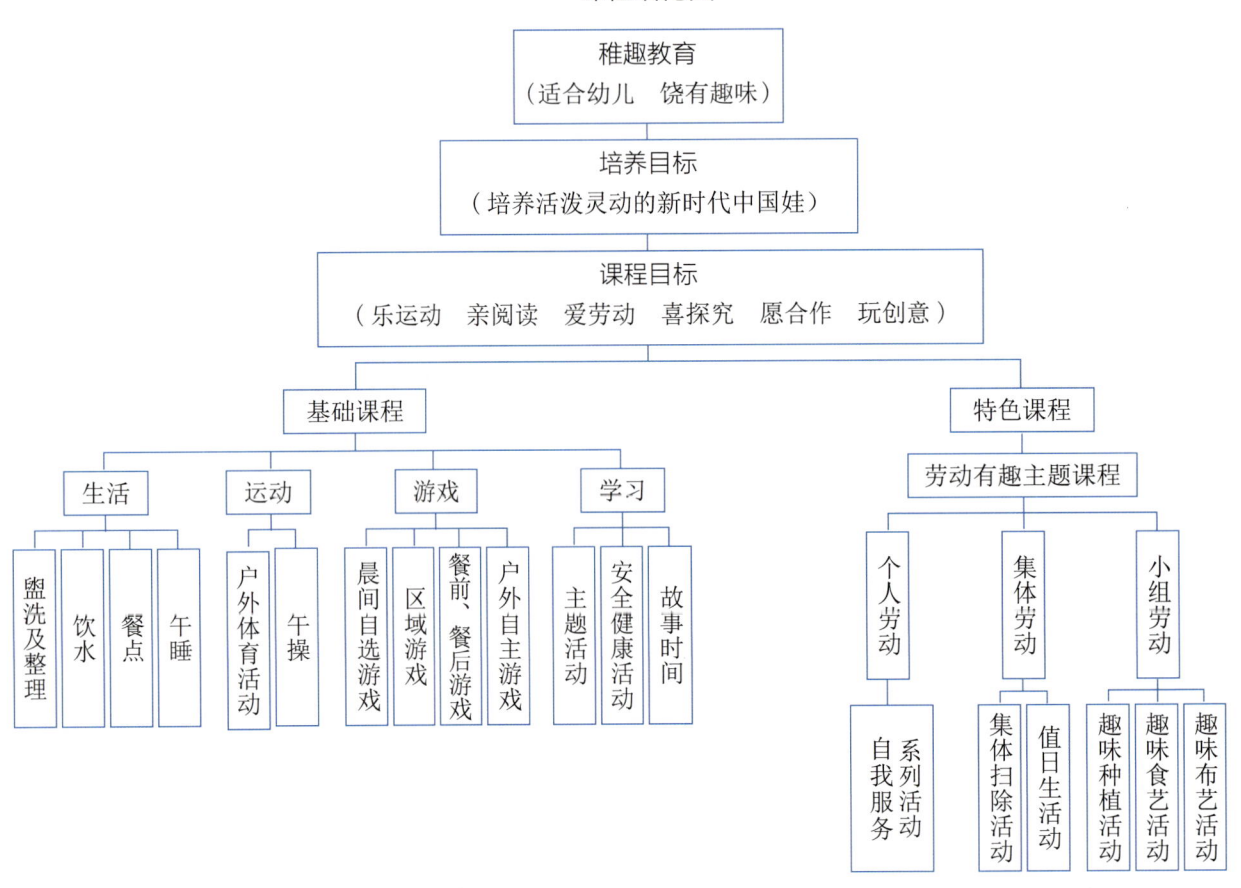

```
                        稚趣教育
                  （适合幼儿  饶有趣味）
                            │
                         培养目标
               （培养活泼灵动的新时代中国娃）
                            │
                         课程目标
        （乐运动  亲阅读  爱劳动  喜探究  愿合作  玩创意）
                    │                    │
                 基础课程              特色课程
                    │                    │
                              劳动有趣主题课程
```

基础课程：
- 生活：盥洗及整理、饮水、餐点、午睡
- 运动：户外体育活动、午操
- 游戏：晨间自选游戏、区域游戏、餐前餐后游戏、户外自主游戏
- 学习：主题活动、安全健康活动、故事时间

特色课程——劳动有趣主题课程：
- 个人劳动：自我服务系列活动
- 集体劳动：集体扫除活动、值日生活动
- 小组劳动：趣味种植活动、趣味食艺活动、趣味布艺活动

2. 课程目标（中班年龄段示例）

基础课程	生活	**生活习惯：** 1. 养成良好的作息习惯，坚持午睡，掌握正确的睡姿。 2. 养成良好的如厕习惯，学习擦屁股的正确方法，便后整理好衣裤。 3. 学习使用筷子进餐，保持桌面和地面的清洁，不偏食、不挑食、不暴饮暴食。 **卫生习惯：** 1. 坚持早晚刷牙和饭前便后洗手，能正确使用七步洗手法。 2. 知道保护眼睛的方法，不在光线过强或过暗的地方看书。 3. 正确掌握打喷嚏的方法。 4. 掌握正确擦拭鼻涕的方法。 5. 外出时能坚持佩戴口罩，愿意接种疫苗。 **自我保护：** 1. 知道不远离父母视线单独活动。 2. 认识常见的安全标志，遵守基本的安全规则。 3. 运动时主动躲避危险。 4. 知道简单的求助方式。
	运动	**平衡：** 能在较窄、低矮物上走直线。 **协调：** 1. 能以匍匐、膝盖悬空钻爬。 2. 能连续自抛自接球。 **速度：** 1. 能助跑后跳跃障碍物。 2. 会玩追逐跑、躲闪跑的游戏。 **力量：** 1. 能双手悬垂15秒。 2. 能单手投掷沙包4米左右。 3. 能单脚连续向前跳5米左右。 4. 能快跑20米左右。

基础课程	游戏		1. 通过高、低结构的游戏材料，引发孩子逐步开展与生活经验相关的主题。 2. 创设从平行游戏逐步过渡到联合游戏的游戏活动环境，提供大量玩具不同层次的游戏材料，以满足孩子同伴间的游戏需求。 3. 幼儿尝试自己分配角色，游戏中相互协商，用观察、比较等方法来独立发现和解决游戏中的小问题。 4. 鼓励幼儿在游戏中遵守游戏规则，使用礼貌用语进行交往，感受游戏的快乐，提高交往的能力。 5. 重视游戏评价。 6. 游戏后会归类整理玩具，养成爱护游戏材料的良好行为习惯。
	学习	语言	**倾听：** 1. 初步自主集中注意力倾听他人的谈话，在谈话中做出目光、表情或口头语言上的回应。 2. 根据声音、语气、语调辨别不同的谈话对象。 3. 在成人的提示下懂得轮流发言的规则。 4. 根据对象和情境的不同，初步明白调整自己的话语、声音大小和语气。 **表达：** 1. 谈话过程中具有多个稳定的谈话主题，内容主要为自身态度、经验的表达。 2. 在讲述中运用一些生活中习得的语句。 3. 在讲述中使用几种不同的句式。 4. 运用恰当的词汇讲述直观的事物特征或现象。 5. 学习用简单语句概括事物特征。 6. 按一定顺序讲述事物的特征。 7. 围绕主题讲述几个相关的行动事件，会使用常用的连接词表明事件发生的顺序。 8. 借助凭借物，围绕叙事主题进行简单构思，并在集体面前讲述，借助简单的表情、动作进行表演。 9. 能主动使用礼貌用语，不说脏话、粗话。 **阅读：** 1. 知道图书的书名，熟练地按照阅读规则翻阅图书，阅读时指认图书中的物体。 2. 能专注地阅读自己喜欢的图书，在成人的提示下初步学习整理图书。 3. 主动观察图书中的主要人物，能描述单个画面上较为丰富的情节，通过观察主要人物的动作、表情、姿势来验证文字传递的信息或自己的猜想。 4. 较为连贯地使用图书中的语句描述主要情节。 5. 采用图画的方式仿编或续编图书情节。 6. 会表达自己是否喜欢所阅读的图书并能初步说明原因。

基础课程	学习	语言	**前书写:** 1. 有初步与纸笔互动的书写经验。 2. 使用图画、符号、文字等多种形式,创意地表达比较复杂的意思。 3. 在成人提醒下,写画时姿势正确。
		社会	**人际交往:** 1. 有经常一起玩的伙伴。 2. 会用自我介绍、交换玩具的办法加入同伴的游戏。 3. 对大家都喜欢的物品能轮流分享。 4. 在他人的帮助下和平解决同伴游戏中的纠纷。 5. 不欺负弱小。 6. 在与同伴的比较中进行简单的自我评价。 7. 树立同龄榜样,在对比评价中进行自我修正,逐渐形成自我评价意识。 8. 处于合作游戏前期阶段,活动时愿意接受同伴的意见。 9. 了解父母、亲人的职业,体会父母工作的辛苦。 10. 礼貌对待长辈,如坐车时主动为老人让座。 11. 注意到别人的情绪,了解他们的需要,给予适当的关心和帮助。 12. 关注自己的身高、体重,了解自己的兴趣、爱好。 13. 对适宜的事件采用恰当的方式,表达自己的生理或心理需要。 14. 自我服务与自我保护能力提升。 15. 主动将个人物品放到固定的位置。 16. 有意识地将用过的材料进行初步归类收纳,并了解其基本要求。 17. 主动承担集体物品整理任务,初步建立集体意识。 18. 能辨识自己常出现的复杂情绪,知道其出现的原因。 19. 运用语言准确表达自己的情绪,在成人的提醒下采取等待或改变想法的方法调节自己的情绪。 **社会适应:** 1. 熟悉幼儿园各种集体规则,了解简单的公共规则并能自觉遵守。 2. 诚实守信,不私拿不属于自己的东西,知道说谎是不对的。 3. 完成力所能及的任务,接受了就要努力完成。 4. 在提醒下有节约的意识,能节约粮食、水电。 5. 愿意并主动参加集体活动,愿意与家人一起参加社区的一些群体活动。 6. 愿意为集体做力所能及的事情。

	社会	7. 爱父母，亲近信赖长辈。 8. 知道本地的代表性景观，萌发爱家乡的情感。 9. 积极参加民间传统节日庆祝。 10. 知道自己是中国人，升国旗、奏国歌时能自动站好。	
基础课程	学习	科学	1. 能有序地观察事物的特征。 2. 比较各个观察对象的相同与不同。 3. 运用简单工具收集更多细节性的信息。 4. 在实验过程中发现事物之间的联系。 5. 能对观察结果提出问题，并大胆猜测答案。 6. 对事物的现象进行比较和概括，认识到事物的相同与不同。 7. 根据已经获得的资料进行推断，得出结论。 8. 客观描述所发现的事实或事物特征。 9. 概括性地描述一类事物的特征。 10. 对现象进行直观、简单的解释。 11. 运用完整的语言讲述并交流自己在观察中的发现。 12. 用图画或其他符号进行记录。 13. 能感知和发现动植物的生长变化及其基本条件。 14. 能辨别生物除大小、形状和颜色之外的其他特征。 15. 知道生物的不同组成部分对生物有不同作用，如袋鼠妈妈的袋子可以保护小袋鼠。 16. 知道生物的行为具有差异性。 17. 根据物体的特性区分物体。 18. 发现物体的性质会影响其运动，如圆球会滚。 19. 了解物体的特性是可以测量的。 20. 发现材料的性质会发生改变，如当气温变低时，水能结冰。 21. 能感知声音的不同，如有的高亢，有的低沉。 22. 探索各种能让物体产生声音的方法。 23. 感知声音可以通过物体传播。 24. 感知静电现象。 25. 感知磁铁之间具有相互作用。 26. 感知热可以通过多种方式产生。 27. 尝试改变影子的特征。

基础课程	学习	科学	28. 感知各种天气现象及其特点，了解四季的名称。 29. 感知季节的典型特征。 30. 发现季节对人类和动植物的影响。 31. 初步感知常用科技产品与自己生活的关系，知道科技产品的利弊。 32. 知道太阳和月亮每天都在运动，了解月相是不断变化的。 **集合：** 1. 按照物体的内部特征，如性质、功能用途等进行分类。 2. 按物体间的数量关系进行分类。 3. 初步学习对物体进行多角度的分类。 4. 能在已知的符号、图形的基础上，创造出简单重复模式，如做项链以红、黄、蓝三色反复等。 **数与量：** 1. 在指导下，感知和体会有些事物可以用数来描述，对环境中各种数字的含义有进一步探究的兴趣。 2. 可以进行 50 以内的唱数。 3. 用点数的方法对 10 以内数量的物体进行准确计数。 4. 将数字与相应数量的集合匹配。 5. 认识 10 以内的数字，并理解数字的抽象意义。 6. 能用计数的方法比较 10 以内数量的多少。 7. 能按大小、长短、高矮、粗细、厚薄、轻重等差异对 7 个以内的物体进行排序。 8. 进行 5 以内数量的分解与组合。 **几何形体：** 1. 能感知物体的形体结构特征，画出或拼搭出该物体的造型。 2. 感知和发现常见的几何图形的基本特征，并进行分类。 3. 认识并命名常见的平面图形，如三角形、长方形、正方形、圆形、梯形等。 4. 认识平面图形的各种变化，如三角形的变化。 5. 不借助分割线的提示，进行简单的几何图形的组合与分解。 **时间和空间：** 1. 认识和区分今天、明天和昨天的概念。 2. 能用上下、前后、里外、中间、旁边等方位词描述物体的位置和运动方向。 3. 能用首尾相援摆放的方式进行自然测量。 4. 尝试通过单位面积（方块）覆盖的方式，体验面积测量的意义。

| 基础课程 | 学习 | 艺术 | **美术工具：**
1. 对泥工、手工制作等立体造型艺术活动感兴趣，利用彩泥塑造常见的物品，材料需求：泥工板、粉泥刀、塑形模具。
2. 初步利用生活中的结构材料进行简单的拼搭与制作。
美术感知：
1. 欣赏自然界和生活中美的事物时，关注其色彩、形态等特征。
2. 能够专心欣赏自己喜欢的艺术品，有模仿和参与的愿望，欣赏作品时会产生相应的联想和情绪反应。
美术表达：
能运用绘画、手工制作等表现自己观察到或想到的事物。
节奏：
1. 能用拍手、脚踏等身体动作或可敲击的物品敲打节拍和基本节奏。
2. 自由探索和尝试几种打击乐器，如铃鼓、圆舞板、鼓、沙锤等的演奏方法。
3. 大胆地选用乐器或自然物，表现对音乐的感受和对事物的认识。
4. 喜欢欣赏不同性质的音乐对其性质进行初步区分，如摇篮曲、进行曲、圆舞曲等。
5. 体验二拍子和三拍子乐曲（歌曲）的特点。
韵律：
1. 随音乐合拍且较协调地做模仿动作或由基本动作组成简单的律动。
2. 能感知、记忆音乐，随音乐的变化而变化动作。
3. 能为熟悉的歌曲、乐曲自由创编动作。
歌唱：
1. 喜欢演唱自己熟悉的歌曲，感受歌曲的不同性质。
2. 唱歌时音调和节奏基本准确，能接前奏、间奏，与集体声音和谐一致。
3. 理解歌曲内容。
4. 通过即兴哼唱、即兴表演或为熟悉的歌曲创编歌词来表达对音乐的理解。
5. 掌握自然的发声方法。
6. 能保持正确的歌唱姿势。
7. 能自然地接唱和对唱。
8. 能较自如地运用不同的速度、力度、音色变化来演唱。 |

	个人劳动	1. 能自己独立穿脱衣裤、鞋袜、扣纽扣。 2. 能够熟练地使用小水壶倒水,不洒水。 3. 起床后自己整理床铺,学习叠被子的方法。 4. 学会整理自己的物品,东西用完后能及时归位。 5. 初步学习垃圾分类。	
	集体劳动	1. 能将桌椅和栏杆擦拭干净。 2. 能按照标识整理好区域材料。 3. 学习拖地的方法。 4. 熟练掌握清除杂草的方法。	
劳动有趣主题课程	工坊劳动	种植工坊	1. 认识扁担、箩筐、筛子、竹制爪耙、垫子、风扇车、瓢、锄头、铁锹、三爪耙、背篓10种常见的种植工具,并学习使用。 2. 了解播种、浇水、除草、捉虫、施肥、收获等种植过程。 3. 掌握拔、挖、翻、填的动作。 4. 养成有序收放种植工具及保持个人卫生的良好习惯。 5. 在种植活动过程中学会自我保护。 6. 认真倾听别人的讲述,并积极回应。 7. 能够发现种植过程中的问题,并大胆提问。 8. 愿意与同伴交谈,能基本完整讲述自己的种植经验。 9. 能和成人一起收集有关种植的故事、儿歌、故事。 10. 尝试用图画和符号记录种植过程及活动中的观察发现。 11. 喜欢参加种植活动,愿意承担种植任务,并能保持种植兴趣,学会管理自己的植物。 12. 在提醒下能够遵守种植活动规则。 13. 在种植活动中,体会农民伯伯的辛苦,激发对植物的爱惜之情,培养爱劳动、爱生活、爱家乡的情感。 14. 感受植物与人类生活的密切联系,爱护植物,增强环保意识。 15. 认识花菜、西兰花、包菜、小白菜、莴笋、青菜、小番茄、葱、枇杷、枣子、李子、黄桷兰12种植物,发现植物颜色、形状、叶子的不同。 16. 初步了解阳光、空气、水分、土壤等对植物生长的影响。 17. 尝试用图画和符号记录植物的生长变化。 18. 学习使用绳子、直尺、软尺进行测量。 19. 在种植活动中感受数学的有用。

劳动有趣主题课程	工坊劳动	种植工坊	20. 认识一些有价值的野菜、野草，并能知道其用途。 21. 感受自然美，通过绘画、手工、律动及简单的动作表演进行艺术创作。 22. 欣赏自己及同伴的作品，在成人帮助下利用作品装饰环境。 23. 在成人的引导下尝试制作图画书，说明种植流程或方法。
		食艺工坊	1. 认识刀叉、锅铲、菜板、电饭煲、筷子、锅、盆、竹签、蒸屉、擀面杖、蒸笼、搅拌棒、寿司帘、面板、寿司刀、切面刀、烤箱、榨汁机、电动打蛋器、手动打蛋器，知道其用途并尝试使用。 2. 掌握洗、剥、挤、搓、团、压、切、捏、裹的动作，促进手部小肌肉的动作发展。 3. 学习使用刀具、寿司卷、擀面杖，注意过程中的安全。 4. 尝试对食物进行营养搭配。 5. 能够选择合适的工具进行食艺活动。 6. 能够清洗干净食材，保持操作台整洁，做好个人卫生。 7. 在制作美食过程中能够保护自己、不伤害他人，具备一定的安全意识。 8. 认真倾听他人说话，不随意打断。 9. 愿意与同伴交流活动中的经验。 10. 收集与美食相关的儿歌、童谣，尝试进行简单的创编。 11. 喜欢参加美食制作活动，并能遵守规则。 12. 能与同伴友好合作，愿意分享美食。 13. 在制作中不浪费食材，懂得珍惜食物。 14. 通过调查、收集，了解当季的水果蔬菜，并进行美食制作。 15. 能够根据美食制作步骤图，尝试自主制作。 16. 在成人的引导下感知调料、时间对腌制食品的影响，发现食材的变化。 17. 能利用多种感官认识12种常见调味品，包括糖、番茄酱、沙拉酱、盐、食用油、味精、醋、酱油、鸡精、花椒面、辣椒面、蚝油。 18. 尝试用绘画、图表进行简单的记录。 19. 欣赏美食作品，感受色彩、造型、摆盘的艺术美。 20. 在成人的帮助下用图画和符号记录美食的制作步骤。 21. 通过律动及简单的动作等形式进行艺术表演。 22. 尝试根据美食的不同特征设计包装袋。

劳动有趣主题课程	工坊劳动	布艺工坊	1. 认识画粉、直尺、软尺、剪刀、纱剪、针线、顶针、石臼，了解基本使用方法。 2. 学习剪、撕、折、拉、团、系、捆绑、滴的动作。 3. 学习按条纹、圆圈、画图折法进行扎染。 4. 能够安全使用工具，学习自我保护。 5. 注意倾听他人讲话，在倾听过程中尽量保持安静。 6. 愿意与同伴交流，基本完整讲述自己的活动经验。 7. 尝试用图画和符号记录活动过程。 8. 收集有关布艺制作的儿歌。 9. 喜欢参加布艺活动，主动遵守活动规则。 10. 耐心、细心的良好品质得到发展。 11. 幼儿学会爱护工具，保持服装整洁。 12. 通过布艺活动，感受动手的快乐，激发热爱劳动的情感。 13. 认识扎染、敲拓染、拓印等活动主要的工具及材料，在成人帮助下进行扎染。 14. 尝试用图画和符号记录自己的观察发现。 15. 欣赏各种各样的扎染作品，感受扎染艺术的美。 16. 利用扎染作品装饰环境。 17. 尝试用扎染作品制作手帕、围巾、香包、沙包。

3. 课程内容（中班年龄段示例）

基础课程	上期	主题1 我做哥哥姐姐了 主题2 吃得香，长得棒 主题3 多彩的秋天 主题4 动物乐园 主题5 我运动，我健康
	下期	主题1 我的家乡 主题2 拜访春天 主题3 我来显身手 主题4 缤纷夏日

劳动有趣主题课程	上期	主题1 哇，恐龙饼干 主题2 金桔保卫战 主题3 辣椒知多少 主题4 制作染料 主题5 一布揉青蓝 主题6 有趣的面粉
	下期	主题1 油菜种植记 主题2 葱蒜的那些事儿 主题3 春蚕 主题4 青团 主题5 我们"布"一样 主题6 你好，蘑菇菌

二、时间安排

建华幼儿园结合幼儿年龄特点及身心发展规律科学合理安排一日活动，追随幼儿兴趣，及时捕捉教育契机，使预设活动与生成活动有机结合，共同助力幼儿的学习与发展。我们通过形式多样的活动，既能满足幼儿的好奇心和求知欲，使幼儿充分操作体验，又能引导幼儿想象、反思、总结，让幼儿深度学习。为了充分利用、合理划分幼儿园活动区域，为一日活动开展提供适宜的场地，我们制定了大邑县建华幼儿园班级一日活动时间安排表、大邑县建华幼儿园班级课程设置安排表、大邑县建华幼儿园活动场地安排一览表，明确一日活动的内容和时间安排，保障游戏、体育锻炼时间。

大邑县建华幼儿园班级课程设置安排表（中班年龄段示例）

活动类型	一日活动所占时间分配		全天活动时间比例
生活	盥洗	15 分钟	40.52%
	集中饮水	10 分钟	
	餐点	60 分钟	
	午睡	120 分钟	
	整理	30 分钟	
运动	户外体育活动	60 分钟	14.65%
	午操	25 分钟	
游戏	晨间自主游戏	30 分钟	32.76%
	户外自主游戏	90 分钟	
	区域游戏	40 分钟	
	餐前及餐后游戏	30 分钟	

活动类型	一日活动所占时间分配		全天活动时间比例
学习	故事时间	15分钟	12.07%
	学习活动	25分钟	
	劳动有趣主题活动	25分钟	
	离园安全提示	5分钟	

大邑县建华幼儿园班级一日活动时间安排表（中班年龄段示例）

活动时间	活动内容
7:50—8:20	入园前准备及晨间接待
8:20—9:00	晨检、自主游戏、晨间故事
9:00—10:00	户外混龄体育活动
10:00—10:25	生活活动（盥洗、饮水、水果餐）
10:25—10:50	学习活动
10:50—11:30	区域游戏活动
11:30—11:45	餐前活动
11:45—12:20	午餐
12:20—12:40	餐后活动及睡前故事
12:40—14:40	午睡
14:40—15:00	起床整理
15:00—15:25	午操
15:25—15:40	生活活动（盥洗、午点）
15:40—16:40	户外自主游戏
16:40—16:50	生活活动（盥洗、饮水）
16:50—17:15	劳动有趣主题活动
17:15—17:30	离园前整理及安全提示
17:30—17:40	分时段离园

课程审议

（一）课程审议机构

审议级别	组织者	具体成员
园级课程组	园长、业务园长	后勤园长、保教主任、总务主任、教研组长、工坊坊主
年级课程组	教研组长	教研组全体教师
班级课程组	班主任	班级教师及家长代表

（二）课程审议流程

1. 预设性审议

该项流程于开学初进行，由园级课程组审议预设课程的目标、内容选择、形式、安全卫生保障及安排的科学性和适宜性。由年级组针对本年龄段幼儿年龄特点审议活动目标、内容设置、活动组织流程及资源利用。

2. 过程性审议

（1）主题实施前审议：对主题目标、环境资源、过程安排等活动预设情况进行充分研讨，针对问题调整主题方案。

（2）主题实施中审议：对教育实践中的具体问题进行研讨，并及时反馈到年级组和园级课程组，便于应用、调整主题方案和课程体系中的对应内容。

（3）主题实施后审议：对前期审议过程进行整理，梳理课程审议记录。根据实施情况，验证分析过程中问题解决策略是否有效可行，完善优化主题方案。

3. 总结性审议

通常在学期末进行，由园级课程组和年级组对已经开展的课程进行回顾、总结、反思，审议课程实施的科学性和有效性，对课程体系架构和具体内容进行讨论、修订。

课程审议流程图

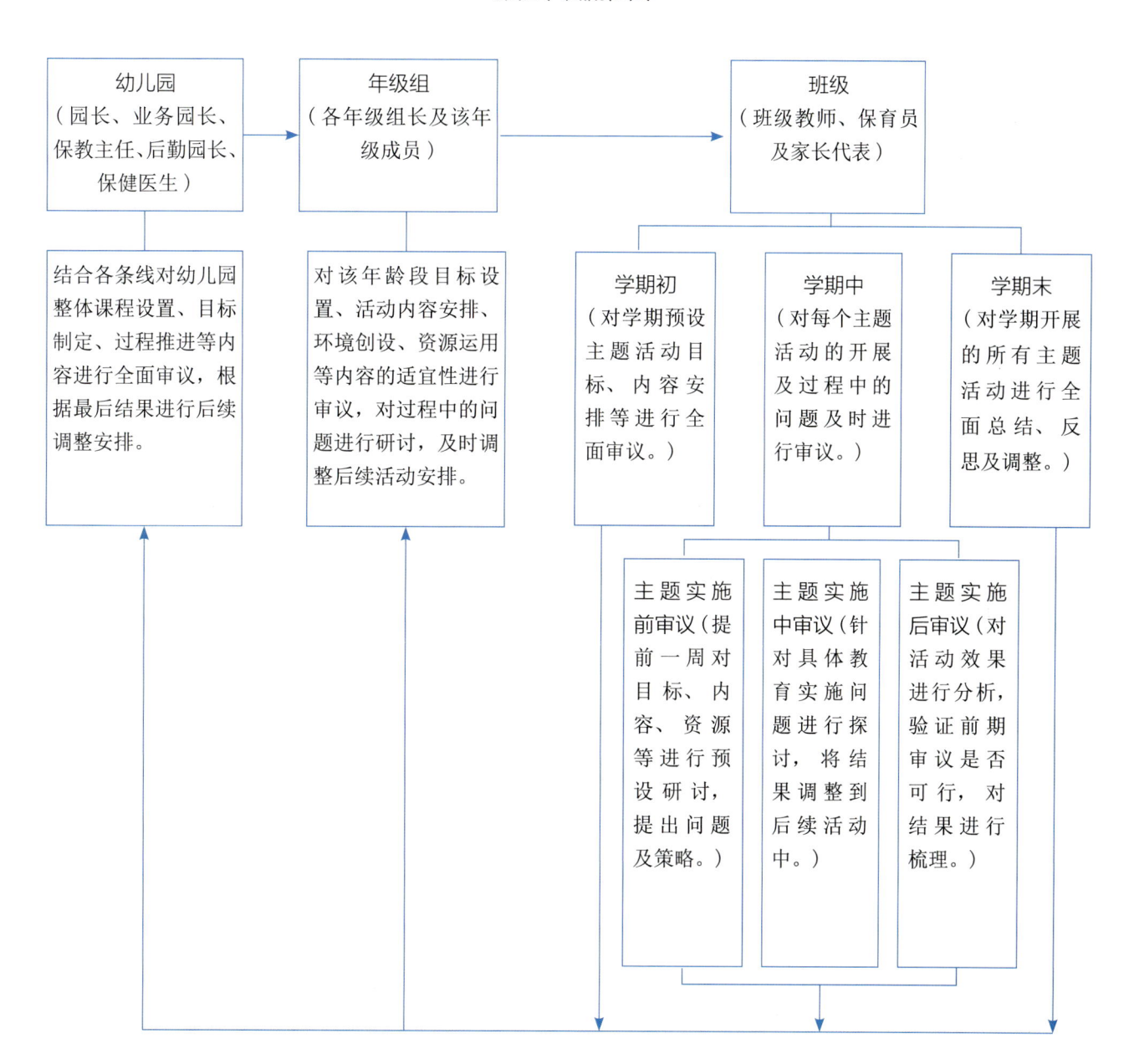

```
┌─────────────────┐      ┌─────────────────┐      ┌─────────────────┐
│     幼儿园      │─────▶│     年级组      │─────▶│      班级       │
│（园长、业务园长、│      │（各年级组长及该  │      │（班级教师、保育员│
│ 保教主任、后勤园长│      │   年级成员）    │      │  及家长代表）   │
│   、保健医生）  │      │                 │      │                 │
└─────────────────┘      └─────────────────┘      └─────────────────┘
```

幼儿园（园长、业务园长、保教主任、后勤园长、保健医生）：结合各条线对幼儿园整体课程设置、目标制定、过程推进等内容进行全面审议，根据最后结果进行后续调整安排。

年级组（各年级组长及该年级成员）：对该年龄段目标设置、活动内容安排、环境创设、资源运用等内容的适宜性进行审议，对过程中的问题进行研讨，及时调整后续活动安排。

班级（班级教师、保育员及家长代表）：

- **学期初**（对学期预设主题活动目标、内容安排等进行全面审议。）
- **学期中**（对每个主题活动的开展及过程中的问题及时进行审议。）
- **学期末**（对学期开展的所有主题活动进行全面总结、反思及调整。）

- **主题实施前审议**（提前一周对目标、内容、资源等进行预设研讨，提出问题及策略。）
- **主题实施中审议**（针对具体教育实施问题进行探讨，将结果调整到后续活动中。）
- **主题实施后审议**（对活动效果进行分析，验证前期审议是否可行，对结果进行梳理。）

四 课程评价

（一）幼儿发展评价

根据《3—6岁儿童学习与发展指南》中儿童的学习与发展目标对幼儿进行发展评价。根据幼儿发展评价，对全班幼儿整体发展进行分析，作为后续课程活动开展与调整的依据。

1. 师幼共同评价

幼儿用自己的方式对活动进行记录，如运动记录、游戏记录、种植记录等，辅以教师对幼儿记录的解读与支持。

2. 教师观察评价

教师有目的、有计划地进行幼儿活动观察与记录，不断积累幼儿发展情况，认真进行信息梳理与分析，从而对幼儿的发展水平作出评价。

3. 家长评价

每学期末，由家长对幼儿的学期发展状况进行反馈性评价，教师根据幼儿综合发展评价信息，制订有针对性的后续培养计划。

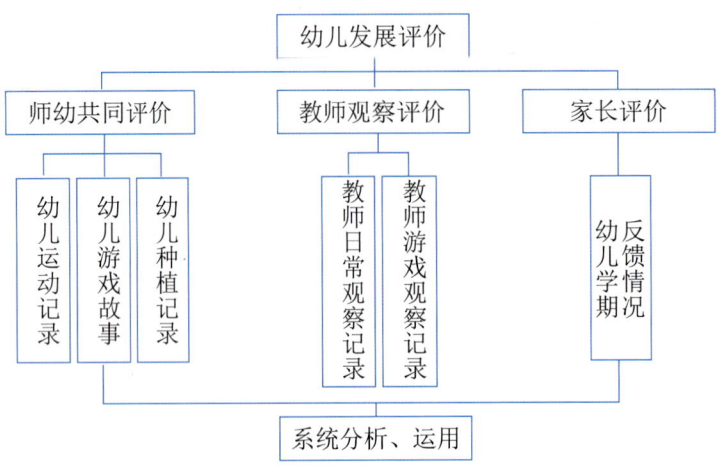

```
                    幼儿发展评价
        ┌──────────────┼──────────────┐
     师幼共同评价      教师观察评价      家长评价
    ┌────┼────┐      ┌────┴────┐         │
  幼儿  幼儿  幼儿   教师      教师      反馈情况
  运动  游戏  种植   日常      游戏观察   幼儿学期
  记录  故事  记录   观察记录   记录
        └────┴──────────┴────┴──────────┘
                  系统分析、运用
```

（二）教师执行评价

教师通过创设丰富的教育环境，支持儿童与环境事物的互动，提高自身的教育环境创设能力、活动设计组织能力、师幼互动能力、课程反思能力，进而提升整体的课程执行、开发能力。

1. 依托工具评价

通过《幼儿学习环境评量表》的园本化运用，梳理相应指标，形成幼儿园环境创设评价标准，作为教师教育环境创设能力的重要考核指标之一。

2. 园本化评价

通过幼儿园自主游戏案例分析、操节设计组织、课程故事解读、教玩具制作等形式，梳理形成相应评价指标，以自评+他评的方式，在观摩与教学研讨等活动中，帮助教师提高课程执行及开发能力。

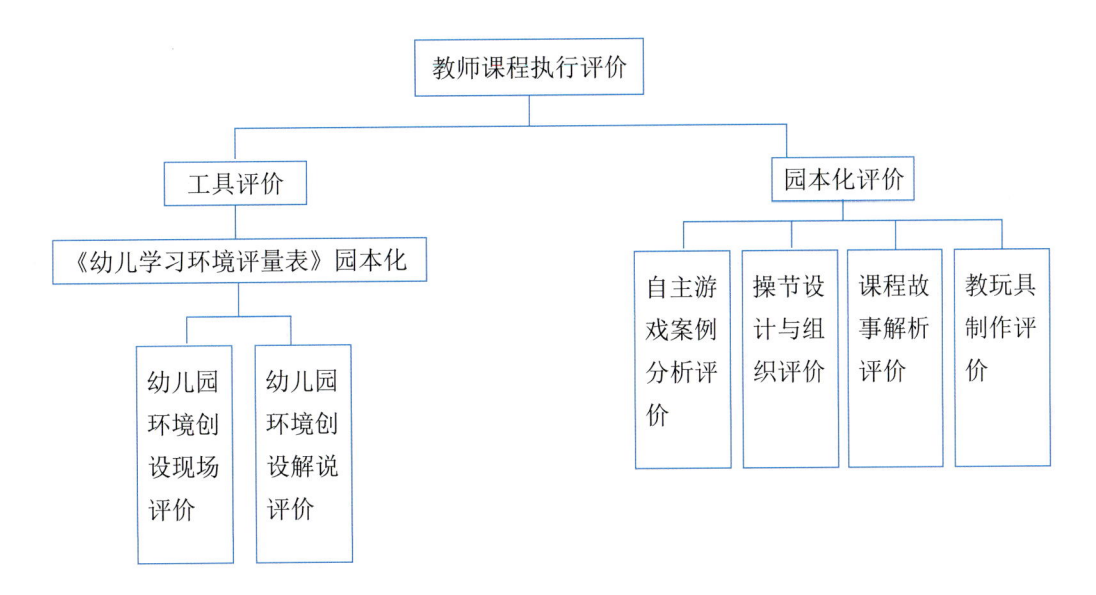

```
                      教师课程执行评价
                    ┌────────┴────────┐
                 工具评价          园本化评价
                    │          ┌───┬───┼───┬───┐
          《幼儿学习环境评量表》园本化  自主游戏  操节设计  课程故事  教玩具
                    │          案例分析  与组织   解析     制作
            ┌───────┴───────┐   评价     评价    评价     评价
         幼儿园           幼儿园
         环境创设         环境创设
         现场评价         解说评价
```

（三）课程质量评价

1. 课程的过程性评价

根据《幼儿园保育教育质量评估指南》，通过目标、内容、形式的预设评价，年龄特点、主题设计、组

织过程的过程评价，目标达成、框架完善、资源利用的总结评价，保障幼儿园课程实施的过程质量，不断完善和优化课程体系，以促进幼儿身心健康全面发展。

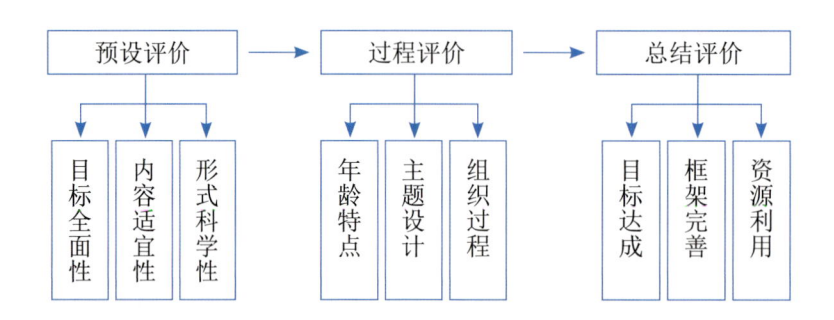

```
预设评价  →  过程评价  →  总结评价
   ↓           ↓           ↓
┌─┬─┬─┐    ┌─┬─┬─┐    ┌─┬─┬─┐
│目│内│形│    │年│主│组│    │目│框│资│
│标│容│式│    │龄│题│织│    │标│架│源│
│全│适│科│    │特│设│过│    │达│完│利│
│面│宜│学│    │点│计│程│    │成│善│用│
│性│性│性│    │ │ │ │    │ │ │ │
└─┴─┴─┘    └─┴─┴─┘    └─┴─┴─┘
```

2. 课程的质量评价

依托成都未来教育家联盟专家资源，不定期邀请专家对课程方案及课程实施进行专项诊断指导，论证幼儿园课程实施方案的科学性、有效性，不断优化、调整、推进幼儿园课程高质量实施。

第二节 稚趣课程的实施保障

稚趣团队建设

当下，教育的发展在于教育质量，而教师队伍专业化发展直接影响着幼儿园课程质量。支持教师专业成长，助推稚趣课程质量整体提升，是建华幼儿园用心思考并积极作为的事情。幼儿园紧紧围绕保教团队建设，积极尝试、探索多种途径，不断提升团队整体素养。

（一）优化资源结构

1. 逐层结对

幼儿园内部实行逐层师徒结对的方式，鼓励处于不同发展水平的教师根据自身发展的需要自由搭配，促进行政与骨干教师结对，骨干教师再分别与青年教师和新入职教师结对，实现师徒结对互助式发展。逐层师徒结对建立了多个层面教师的有机连接，达到师徒结对全覆盖，使全体教师都能在专家的引领范围内，保证教师队伍专业化发展。

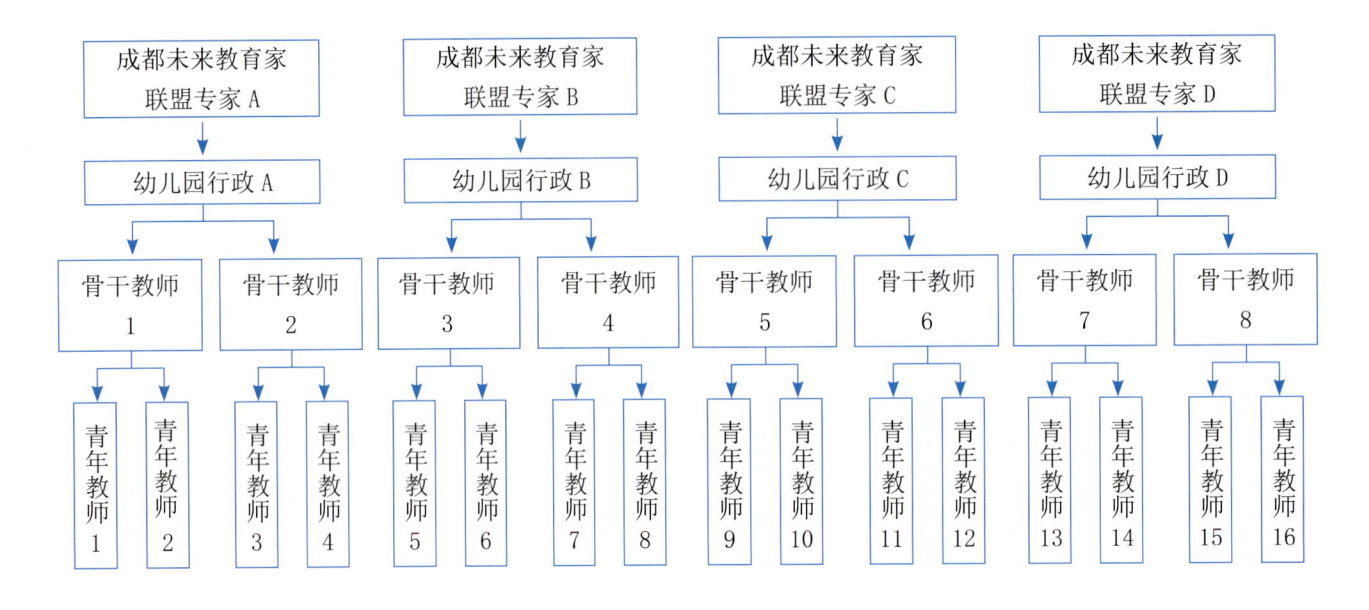

```
成都未来教育家        成都未来教育家        成都未来教育家        成都未来教育家
  联盟专家 A            联盟专家 B            联盟专家 C            联盟专家 D
      │                    │                    │                    │
   幼儿园行政 A         幼儿园行政 B         幼儿园行政 C         幼儿园行政 D
    ┌──┴──┐             ┌──┴──┐             ┌──┴──┐             ┌──┴──┐
 骨干教师 骨干教师    骨干教师 骨干教师    骨干教师 骨干教师    骨干教师 骨干教师
   1      2             3      4             5      6             7      8
  ┌┴┐    ┌┴┐           ┌┴┐    ┌┴┐           ┌┴┐    ┌┴┐           ┌┴┐    ┌┴┐
 青 青   青 青          青 青   青 青          青 青   青 青          青 青   青 青
 年 年   年 年          年 年   年 年          年 年   年 年          年 年   年 年
 教 教   教 教          教 教   教 教          教 教   教 教          教 教   教 教
 师 师   师 师          师 师   师 师          师 师   师 师          师 师   师 师
 1  2   3  4          5  6   7  8          9  10  11 12         13 14  15 16
```

2. 班级轮岗

在幼儿园，教师和保育员有着不同的角色和分工，但这种职责分明的体制或多或少地产生了一些弊端。很多人往往错误地认为，教师充当"脑力劳动者"，保育员充当"体力劳动者"，出现协作不充分的现象。为了激活每位教职工的内在动力，从根本上落实"保教结合"原则，幼儿园在建园初期实行了班级内部"三人轮岗制"。新开班的班级不设保育员岗位，由三名教师轮流担任班主任、教师及保育员。"三人轮岗制"让教师明确掌握各岗位工作职责，同时也增强了教师相互合作的意识，为后期指导和团结班级保育员共同开展工作奠定经验基础。在轮岗过程中，教师们学会学习、学会协作、学会创新，学会发现同伴的"亮点"，从而以集体的合力推进教师队伍的发展。

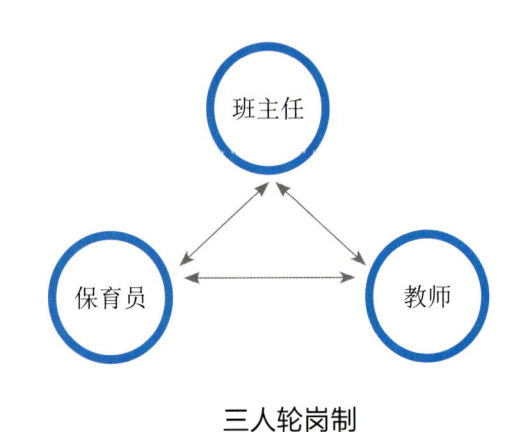

三人轮岗制

（二）改革激励机制

幼儿园保教队伍中 80% 为自聘人员。为了进一步推动教师队伍稳定可持续发展，不断提升教育质量，幼儿园大胆改革教师考核激励机制，制定了《大邑县建华幼儿园集团三级工资标准实施意见》（以下简称《意见》）。该《意见》以月考核、期末考核两结合的形式，采用动态式的管理，将自聘教师工资等级划分为三个级别：考核排名前 10% 属"优秀教师"，执行第一级工资标准；考核排名 80% 属"合格教师"，执行第二级工资标准；考核排名后 10% 属于"观察支持教师"，执行第三级工资标准。通过建立科学规范的工资分配机制，充分发挥"三级工资"的杠杆作用，以此促进人人争优，营造良性竞争氛围，推动保教队伍的稳定、持续发展。

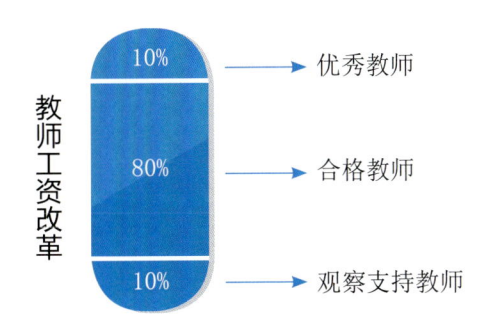

教师工资改革
- 10% → 优秀教师
- 80% → 合格教师
- 10% → 观察支持教师

（三）创新研培模式

1. 双菜单式培训

为了满足不同教师的学习需求，在教师分层培养的基础上，幼儿园制订"双菜单式"培训计划，通过"必修"+"选修"的模式，将园本培训中的基础培训内容设置为必修内容，增设满足教师不同个性需求的选修培训内容。每学期教师通过学习菜单，选择自己的兴趣或需要提高的至少 1 项内容进行每月 1 次的自主选修学习，并于期末集中进行选修学习成果展示活动。这样，既保障教师学习基础达标，又促进教师富有个性的发展。

大邑县建华幼儿园 2021—2022 学年下期双菜单培训安排一览

类别	培训主题	
必修内容（基础培训）	稚趣教育理论体系，稚趣教育实操体系，劳作工坊活动流程、要求及安全操作要点	
选修内容（个性化培训）	3月	劳作工坊系列培训之食用菌栽培
	4月	劳作工坊系列培训之甜品制作
	5月	劳作工坊系列培训之扎染
	6月	稚趣理念下个性化活动成果展示

2. 保教联合式教研

针对保教团队实际情况，幼儿园在开展教师组、保育组分岗位专题研讨的基础上，以稚趣教育理念为引领，坚持保教结合原则，以"一月一理论"+"一月一实操"的方式开展保教联合式教研活动。教师团队主要由保健室牵头，保育团队则由业务园长牵头，通过有针对性的理论学习讨论和实践观摩研讨活动，切实提高保教队伍的综合能力与专业水平。

大邑县建华幼儿园保教联合培训内容安排一览表

时间	组别	培训内容
上期	教师组	稚趣健康课程之卫生消毒与传染病防控理论及实操
	保育组	"劳动有趣"之幼儿自我服务目标学习与解读
	保教共研	稚趣安全课程之活动中的安全要点梳理 稚趣课程中的一日活动各环节的保教配合
下期	教师组	稚趣健康课程之儿童卫生保健与心理健康
	保育组	"劳动有趣"之幼儿自我服务活动中的观察
	保教共研	稚趣安全课程之一日活动各环节中的安全问题研讨 "劳动有趣"之幼儿自我服务系列活动实施路径实操

3. 小组合作式研究

教育研究是幼儿园课程建设的主要依托，幼儿园坚持人人参与研究。根据教师实际研究水平，采取小组合作式研究。在大课题与微型课题之间采取折中的形式，让教师自由组合，选择与课程建设、日常教学及自身特点相关题目参与教育研究，既能弥补大课题无法覆盖全员的问题，又能发挥教师之间的优势互补。

二

稚趣安全教育

（一）稚趣安全教育课程内容

稚趣课程的高质量实施，离不开安全保障。建华幼儿园以基础安全、专题安全、稚趣安全为安全教育的主要内容，重点开发与种植工坊、食艺工坊、布艺工坊相关的稚趣安全课程，内容选择源自园本课程的安全要求、规范，始于幼儿生活中的源本，贴近幼儿的生活经验，充分保障了园本课程安全高效实施。

稚趣安全课程内容	小班	中班	大班
食艺工坊	不能生吃汤圆 远离电饭锅 厨房工具宝宝 蔬菜切一切 水果宝宝切切切 不乱碰电线 我不碰电器 发热的电烤箱	茶叶蛋操作手册 好吃不多吃 纸杯艺术 创意摆盘 小心面粉 鲜花美食 小心刀具 水蒸气危险！	小刀使用要小心 打蛋器，要小心 烫手的烤箱 生食不吃 生面粉，不食用 花包馒头会烫手 榨汁机里的刀片 可怕的水蒸气

稚趣安全课程内容	小班	中班	大班
种植工坊	种子不塞口鼻 巧用种植工具 可爱的小秧苗 锹锹土 正确使用小铁锹 小种子不乱吃 不乱扔泥土 劳动小铁锹	尖尖的铁耙 泥土别进小眼睛 种植花草的技巧 油菜收割啦 尖锐的小铁锹 长高高 石头不乱玩 危险的铁锹	锄头，危险！ 肥料不能吃 危险的铲子 施肥的安全 番茄架搭建安全 小工具大危险 小心，攀爬架 正确使用铁锹
布艺工坊	颜料我不尝 正确敲拓染 小锤子好朋友 我会敲一敲 水果染汁不乱尝 正确使用小锤子 树叶煮一煮 小手真能干	危险的小锤子 染料我不尝 漂亮的花手绢 制作花草纸 小心扎手 鲜花布 五颜六色的染料 会咬人的橡皮筋	针线的安全使用 安全缝纫机 针尖与指尖 针不乱放 热熔胶，要注意 石春的安全使用 线线勿缠绕 我会使用剪刀

（二）稚趣安全教育操作要点

幼儿园立足头际，制定"稚趣安全教育操作要点"，从人员素养、环境材料、安全考量、卫生保健等方面建立安全的支持与保障，从而强化课程的支持管理和有效实施，指导教师安全、规范操作，以确保活动安全高质量开展，促进幼儿健康安全全面发展。

1. 种植工作坊安全操作要点

活动前	准备与要求	1. 安全准备。 （1）材料：锄头、镰刀、铁锹、铲子、修枝剪、喷雾壶等材料的安全性和完整性。 （2）工具：锄头、镰刀、铁锹、铲子、修枝剪、喷雾壶等工坊工具的完整、安全、正常使用。 （3）活动前场地安全检查，确保种植区内无危险因素。 2. 教师分工、准备。 （1）教师根据本班即将开展的活动进行种植材料如、锄头、镰刀、铁锹等的安全使用培训及实操练习。 （2）了解操作过程中的危险因素，提前对幼儿进行安全教育。 （3）在活动前教师分为三方站立，保证幼儿在操作活动时在全视线范围内。 3. 人员管理。 （1）教师提前知晓自然材料的有毒性和安全性。 （2）应保持良好个人卫生，操作时应穿戴清洁的手套。 （3）操作时不得留长指甲、佩戴饰物。 4. 从业人员培训要求。 （1）教师应定期参加种植操作安全培训。 （2）教师应按照培训计划和要求参加培训。 （3）每月对幼儿至少开展 1 次种植安全主题教育活动。
活动中	播种	1. 有关种子选择的安全性提示。 2. 幼儿在播种的时候不要将种子弄到鼻子、耳朵、口中。 3. 提醒幼儿不要将泥土撬到同伴的脸部、身体上。 4. 幼儿能注意不用脏手揉眼睛。 5. 提醒幼儿不用手去挖泥土。 6. 幼儿能在松土时不能把锄头举过头顶。 7. 幼儿能在使用过程中，不能乱扔、乱玩工具。 8. 幼儿能在使用工具中，注意双手的配合和肢体的协调。 9. 幼儿能在使用工具中，工具递给同伴时，注意工具的方向，不要将工具锋利那头递给同伴，要将手把处交给幼儿。
	浇水	1. 幼儿能做到不喝生水。 2. 提醒幼儿不要把水壶装满，以防水撒出滑倒。 3. 幼儿能做到拿着水壶时，不要嬉戏打闹。

活动中	施肥	1. 幼儿在取肥料时，要提前戴好安全手套。 2. 幼儿在施肥时，不要将肥料对着人撒。 3. 幼儿在施肥完后，及时清洗手部，保证无残留。
	管理	1. 幼儿在观察和捉虫时，注意不要被虫咬了。 2. 幼儿在除草时，不要把秧苗除掉。 3. 幼儿在除草时不能把玩石头。
	收获	1. 提醒幼儿有竹竿等物品时，小心戳伤。 2. 幼儿在收获时，不要争抢工具材料。 3. 提醒幼儿不能生吃收获物。
活动后	整理与完善	1. 活动之后对活动材料进行收拾整理，有序放置工具。 2. 将使用后的工具及时清洗。 3. 班级根据活动情况，对幼儿进行相关安全教育。 4. 班级教师进行活动后审议，完善调整活动方案。 5. 活动后，进行后审议，分析、整理活动安全资料，反思、调整活动安全方案，优选归档入资源库。

2. 食艺工作坊安全操作要点

活动前	准备与要求	1. 审核流程。 （1）班级教师根据活动制订计划，提出书面申请。 （2）将申请表打印交给保健室进行初次审核。 （3）审核通过后再将申请表交给分管领导审核。 （4）最后将申请表交给保教主任。 2. 安全准备。 （1）食材安全（采购、验收等）。 （2）工具／设施设备安全，教师提前检查场地，提前熟悉电器、工具的使用说明。 （3）幼儿安全教育及提醒，在活动前对幼儿进行场地安全、工具使用安全、电器安全、食材安全等进行教育及提醒。

| 活动前 | 准备与要求 | 3. 教师分工、准备。
（1）学习、培训各类电气设备操作知识、应急处置方法。
（2）加强活动过程的安全管理，指导幼儿正确使用材料和工具，对游戏中可能出现的安全问题有预见性的处理措施，及时处理活动过程中出现的问题。
（3）教师分工明确，主班教师站位在电器区域，配班教师站位在洗手台区域并负责拍照录制视频，保育教师作为机动人员，随时观察幼儿活动情况。
4. 活动前场地、工具、电气设备、材料安全检查。
5. 人员管理。
健康管理要求
（1）教师应取得健康证明。
（2）幼儿每学期进行1次健康检查，教师每年进行1次健康检查，必要时进行临时健康检查（疫情防控等）。
（3）患有国务院卫生行政部门规定的有碍食品安全疾病的人员，不得从事接触直接入口食品的活动。
（4）幼儿园应建立每日晨检制度；有发热、腹泻、皮肤伤口或感染、咽部炎症等有碍食品安全病症的人员，禁止参加食艺工作坊活动。
个人卫生要求
（1）应保持良好个人卫生，操作时应穿戴清洁的工作衣帽，佩戴好口罩，头发不得外露。
（2）操作时不得留长指甲、涂指甲油、佩戴饰物。
（3）操作前应洗净手部，操作过程中应保持手部清洁，手部受到污染后应及时洗手。洗手消毒宜符合（推荐的餐饮服务从业人员洗手消毒方法）。
（4）接触直接入口食品的操作人员，有下列情形之一的，应洗手并消毒：
①处理食物前；②使用卫生间后；③接触生食物后；④接触受到污染的工具、设备后；⑤咳嗽、打喷嚏或擤鼻涕后；⑥处理动物或废弃物后；⑦触摸耳朵、鼻子、头发、面部、口腔或身体其他部位后；⑧从事任何可能会污染双手的活动后。
（5）操作人员进入专间时，应更换专用工作衣帽并佩戴口罩，操作前应严格进行双手清洗消毒，操作中应适时消毒；不得穿戴专用工作衣帽从事与专间内操作无关的工作。
（6）不得将私人物品带入食品处理区。
（7）不得在食品处理区内饮食或从事其他可能污染食品的行为。
（8）进入食品处理区的非操作人员，应符合现场操作人员卫生要求。 |

活动前		**人员工作服管理要求** （1）工作服（包括衣、帽、口罩）宜用白色或浅色布料制作，专用工作服宜从颜色或式样上予以区分。 （2）工作服应定期更换，保持清洁；接触直接入口食品的操作人员的工作服应每天更换。 （3）人员上卫生间前应在食品处理区内脱去工作服。 （4）待清洗的工作服应远离食品处理区。 （5）工作坊不得少于3套工作服。 **人员培训要求** （1）教师应定期参加食品安全培训。 （2）教师应按照培训计划和要求参加培训。 （3）每月对幼儿至少开展1次食品安全主题教育活动。
活动中	采购验收要求	1. 采买。 （1）食艺工坊食材采购环节，须由幼儿园通过"源本生鲜"平台下单订购。 （2）针对采购目录外的食材，幼儿园统一在正规大型卖场购买；严格参照食堂采购要求、索证索票。 2. 验收。 验收人员对食材品名、数量、质量要求严格执行各类食材验收标准，凡不符合验收标准的食材，拒绝接收，并及时向幼儿园食堂管理人员汇报。
	粗加工与切配要求	在食品加工过程中，粗加工是食品及原材料加工的第一道质量监督程序，严格把好粗加工这一关，可更好地保证食品的质量，保障师生安全。 1. 粗加工人员严格检查原料，对感官异常的材料立即报请幼儿园食品安全工作领导小组处理。 2. 粗加工过程中工作人员必须具有高度的责任心，发现任何有质量问题都应拒绝加工，并报告现场管理人员处理。 3. 食材加工方式方法按照当日食谱、现场管理人员要求加工。 4. 加工过程中的遗弃物必须及时放入垃圾桶，并对垃圾及时处理。 5. 在粗加工结束后，必须及时冲洗台地面，清洗消毒加工工具。 6. 严格遵循生熟、荤素用具分离使用存放制度。

活动中	烹饪要求	烹调加工是食品加工最后一道工序，必须认真执行烹调加工制度。 1. 食品烹调加工严禁采用凉拌的形式，不得提供凉拌菜。 2. 严禁加工"干煸四季豆"等高风险食品。 3. 严禁加工发芽、绿皮土豆等高风险食材。 4. 烹调主料必须同时入锅，烹调大块食品中心温度必须达到70℃，决不能让幼儿食用未熟和半生半熟的食品。 5. 加工熟食必须使用专用的熟食加工的菜墩、菜刀。 6. 加工后的熟食品出锅后必须立即存入熟食间，严禁置于地面上。 7. 熟食在就餐前停放不得超过2小时。
	供餐要求	1. 备餐人员佩戴好口罩、手套、帽子，操作前应严格进行双手清洗消毒。 2. 分派食品的工具使用前应清洗消毒。 3. 备餐台每餐（或每次）使用前应进行空气和操作台的消毒；使用紫外线灯消毒的，应在无人工作时开启30分钟以上，并做好记录。 4. 食品在烹饪后至食用前在备餐间8～60℃条件下存放时间不得超过2小时。 5. 供餐过程中，应对食品采取有效防护措施，避免食品受到污染。 6. 供餐过程中，应使用清洁的托盘、馒头夹等工具，供餐人员应佩戴口罩、一次性手套等，避免从业人员的手部直接接触食品。
	食品留样要求	1. 幼儿园食艺工坊食品成品应留样，并在供餐前30分钟试尝。试尝后无异常情况后，方可供餐；试尝后有异常情况，不得供餐。 2. 应将留样食品按照品种分别盛放于清洗消毒后的专用密闭容器内，冷却至常温后放入专用冷藏设备中在0～8℃条件下冷藏存放48小时以上，并加锁专人管理。每个品种的留样量应能满足检验检测需要，且不少于125g。 3. 在盛放留样食品的容器上应标注留样食品名称、餐次、留样时间（月、日、时）、留样人员、责任人等相关信息。 4. 应由专人管理留样食品、记录留样和试尝情况，记录内容包括留样食品名称、餐次、留样时间（月、日、时）、留样人员、试尝人员、试尝结果、处理留样时间、处理人员等。

活动中	餐厨废弃物处置要求	1. 班级教师要自觉遵守《食品安全法》及有关法律法规，认真履行食品安全直接责任人职责，严格执行幼儿园餐厨废弃物处置管理规定。 2. 废弃物处置。 （1）餐厨废弃物应分类放置、及时清理，不得溢出存放容器。餐厨废弃物的存放容器应及时清洁，必要时进行消毒。 （2）餐厨废弃物处置应符合相关法律法规的要求。 （3）严禁将餐厨废弃物直接排入下水道、倒入公共厕所和其他垃圾收集设施。
	记录管理要求	1. 人员健康状况、培训情况、原料采购验收、加工操作过程关键项目、食品安全检查情况、食品留样等均应详细记录。 2. 各项记录均应有执行人员、食艺工坊、食品安全管理员的签名。 3. 食艺工作坊主、食品安全管理员应督促相关人员按要求进行记录，活动后检查记录的有关内容，如发现异常情况，应立即督促有关人员采取整改措施。 4. 有关记录至少应保存1年。
活动后	整理与完善	1. 电器设备安全（电源、清洁等）。 2. 场地卫生消毒方法/要求。 3. 工具卫生消毒要求。 4. 着装/工作服卫生消毒要求。 5. 根据活动情况，对幼儿进行相关安全教育。 6. 班级教师进行活动后审议，完善调整活动方案。 7. 活动后，进行后审议，分析、整理活动安全资料，反思、调整活动安全方案，优选归档入资源库。
特别要求		1. 教师要严格遵守《食品安全法》。 2. 做好餐前餐后的消毒工作。 3. 班级教师应了解食品安全处置流程。 4. 做好班级教师个人卫生，穿戴整齐。

3. 布艺工坊安全操作要点

活动前	准备与要求	1. 审核流程。 根据本班进行的布艺工坊活动，将教案、所需材料提前一周上报审核组，进行时间和材料审核并确定。 2. 安全准备。 （1）材料：检查钩针、线、植物染料、绣绷、染料、白乳胶、无纺布、织布等材料的安全性和完整性。 （2）工具：检查针、石舂、缝纫机、锤子、顶针、染缸、一次性手套等工坊工具的完整、安全、正常使用。 （3）活动前场地安全检查，确保桌椅、操作台等无危险因素。 3. 教师分工、准备。 （1）教师根据本班即将开展的活动进行布艺材料如针线、石舂、缝纫机等的安全使用培训及实操练习。 （2）了解操作过程中的危险因素，提前对幼儿进行安全教育。 （3）在活动前，教师分为三方站位，保证幼儿在操作活动时在全视线范围内。 4. 人员管理。 （1）教师提前知晓自然材料的有毒性和安全性。 （2）应保持良好个人卫生，操作时应穿戴清洁的围裙、袖套、手套。 （3）操作时不得留长指甲、涂指甲油、佩戴饰物。 5. 从业人员培训要求。 （1）教师应定期参加布艺操作安全培训。 （2）教师应按照培训计划和要求参加培训。 （3）每月对幼儿至少开展1次布艺安全主题教育活动。
活动中	扎染	1. 使用石舂制作染料时，注意避免砸手。 2. 弹珠不放到嘴里。 3. 筷子、雪糕棒、皮筋等安全使用，避免戳伤或弹伤等。 4. 注意正确使用染料，不尝染料。 5. 提前了解扎染流程，遵守布艺工坊扎染规则与要求。 6. 不随意搬挪染缸，避免砸伤。 7. 能够正确使用晾架晾晒扎染物品。 8. 操作过程中不用沾有染料的手揉眼睛。 9. 扎染时注意佩戴手套，避免过敏等。

活动中	敲拓染	1. 正确使用锤子进行活动，避免砸伤。 2. 能正确使用石头等工具进行敲拓染，避免碰伤、砸伤等。 3. 在收集植物叶、花朵时，不将其放到嘴里。 4. 能正确使用剪刀收集植物，不用手直接拉扯或折断，避免扎伤手。 5. 能够提前熟知敲拓染方法、流程、规则等，遵守工坊操作规则与要求。 6. 操作过程中不用手揉眼睛。
	刺绣	1. 能够正确使用针，避免缝纫过程中扎到自己的手或扎伤他人。 2. 能正确使用剪刀等工具，避免误伤。 3. 能够正确使用绣绷等，避免夹伤。 4. 能使用顶针等工具，保护自己在刺绣过程中扎伤手指。 5. 能正确使用针线、绣线等，不缠绕脖子或手腕、手指等。 6. 能够正确使用钩针，避免戳伤。 7. 使用针线时能有意识地收放在指定位置，避免丢失。
	缝纫	1. 能在成人指导下正确使用缝纫机，避免受伤。 2. 能够正确给缝纫机的针穿线，在缝纫过程中注意手与针的位置，避免受伤。 3. 能够使用剪刀等工具剪线，不使用手拉扯断线等，避免割伤。 4. 能够正确使用编织材料，不用嘴去咬绳子等。
活动后	整理与完善	1. 活动之后对活动材料进行收拾整理，例如，将染缸进行遮盖，避免幼儿误食或触摸，将剪刀等尖锐物品进行归位。 2. 活动后及时对场地卫生进行打扫，清扫干净垃圾，对物品摆放进行归类，避免幼儿触摸受伤。 3. 活动后对场地及时消毒，喷洒消毒水，开紫外线灯。 4. 活动后及时拔下插头，关闭电源，再次检查门窗的关闭。 5. 根据活动情况，对幼儿进行相关安全教育，例如，使用工具时，剪刀、针、弹珠、锤子等物品应该注意哪些安全，提高幼儿的安全意识。 6. 班级教师进行活动后审议，完善调整活动方案。 7. 幼儿在活动过后做好个人的清洁卫生，例如，清洗手上衣服上的染料，避免误食。 8. 活动后，进行后审议，分析、整理活动安全资料，反思、调整活动安全方案，优选归档入资源库。

稚趣家园协同

陈鹤琴说："幼儿教育是一种很复杂的事情，不是家庭一方面可以胜任的，也不是幼儿园一方面可以胜任的，必定要两个方面共同合作才能得到充分的功效。"家庭是学龄前儿童重要的教育场所，家长是幼儿教育不可或缺的教育资源。稚趣教育的"互动性"特征，就包括家园协同。幼儿园和家庭要建立平等、合作、互助、共进的教育共同体，促进幼儿身心和谐发展。

（一）稚趣教育家长志愿者活动

1. 课程建设志愿者

家长是幼儿园的重要合作伙伴，可有效利用家长资源，让他们以课程志愿者的身份参与到稚趣课程建设当中。家长走进幼儿园活动现场，既能够丰富幼儿园的教育元素，实现教育资源多元化，又能够通过家长参与体验活动过程，加强他们对幼儿园课程的认识与理解，增进对教师工作的进一步理解、认同与支持。同时，这部分课程志愿者可影响和带动更多的家长参与到幼儿园的课程建设，进一步促进家园协同。

第一步：摸底调查。每学期初，幼儿园会以家长问卷的方式对全园家长及家长身边的教育资源进行摸底调查。

第二步：发布活动动态。在初步了解和整理幼儿园现有的家长资源情况后，发布稚趣课程志愿者招募通知，让家长能够了解幼儿园课程的动态以及家长志愿者活动的安排，有兴趣的家长申请报名参加课程志愿者。

第三步：自主选择，参与活动。课程志愿者根据自身的能力情况、专业、特长等选择活动主题和角色分工，参加到相应的主题课程活动中。

发放问卷摸底调查 → 发布活动动态志愿者招募 → 填写报名表自主选择，参与活动 → 协助组织活动 → 活动结束填写活动反馈

课程建设志愿者组织流程图

2. 安全护学志愿者

幼儿园成立了由家长志愿者组成的"安全护学志愿队",家园协同开展上、放学时段的护学工作。

第一步:时间安排。以年级组为单位,每周进行1次年级组轮换。轮到自己年级组时,各班教师组织安排志愿者家长按照幼儿学号顺序,轮换护学。

第二步:明确安全护学须知。为了保障护学工作有序开展,教师和安全志愿者代表一起,从值班内容和值班装备两个方面梳理护学须知,帮助志愿者明确护学职责要求。

第三步:活动氛围营造。家长护学队每次来园活动后,教师会引导孩子用自己的方式来感谢家长的服务与奉献,让孩子们直观感受到自己的家人对自己的关爱与付出,为他们感到骄傲和自豪,同时也教会孩子们学会感恩。每学期末,孩子们会亲手制作贴上了护学志愿者照片的"答谢卡"送给对应的家长志愿者,表达对家长的感谢,营造家园协同的和谐氛围。

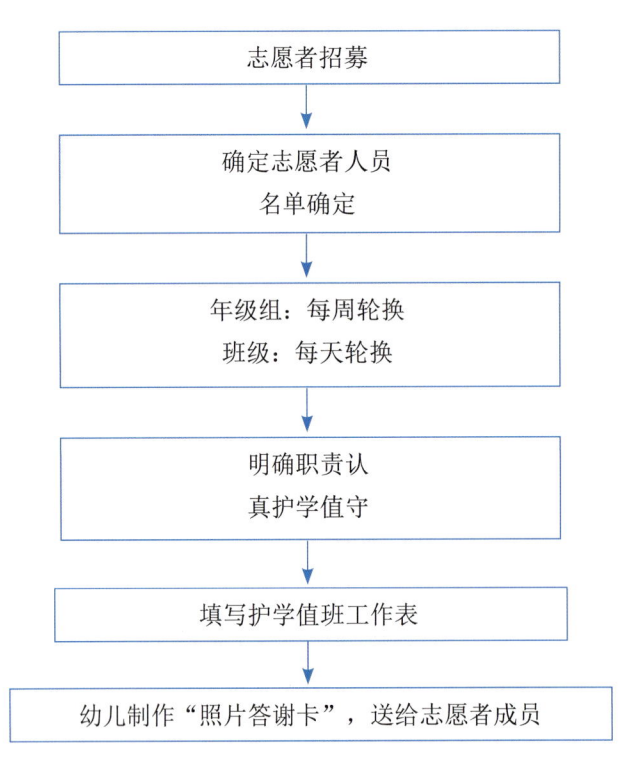

```
志愿者招募
   ↓
确定志愿者人员
  名单确定
   ↓
年级组:每周轮换
班级:每天轮换
   ↓
明确职责认
真护学值守
   ↓
填写护学值班工作表
   ↓
幼儿制作"照片答谢卡",送给志愿者成员
```

安全护学志愿队组织流程

（二）稚趣教育习惯养成操作手册

幼儿良好习惯养成是家园共育的重要内容。幼儿园通过志愿者活动等形式，在大量实践研究基础上，形成了《稚趣教育幼儿习惯养成操作手册》。对幼儿习惯养成目标进行梳理，并明确幼儿、教师、家长三方的做法，让家园双方清晰了解幼儿习惯养成教育目标，协同做好幼儿阶段的养成教育。

月份	教育目标	内容安排	实施途径		
			幼儿	教师	家长
9月	1. 幼儿能基本掌握使用筷子的正确方法。 2. 幼儿在公共场合能主动佩戴好口罩。	1. 学习正确使用筷子。 2. 巩固如何正确佩戴口罩。	1. 通过生活、活动、区域游戏等方式进行筷子使用练习。 2. 外出时坚持佩戴好口罩。	1. 组织开展集体教育"我会用筷子"。 2. 将筷子投放到游戏区域中，引导幼儿进行"夹豆豆""夹球球"游戏。 3. 通过集体教学活动，帮助幼儿了解佩戴口罩的方法及场合。 （1）开展集教活动"戴口罩"。 （2）教师演示佩戴方法。 （3）幼儿练习正确佩戴口罩方法。 4. 做好家园沟通，提醒家长接送幼儿时佩戴好口罩。	1. 在家用餐时，为幼儿提供筷子，引导幼儿使用筷子吃饭。 2. 每天为幼儿准备好干净的口罩放在书包里，出门时提醒幼儿戴好口罩。 3. 在公共场合坚持佩戴好口罩，做好幼儿的榜样。

月份	教育目标	内容安排	实施途径		
			幼儿	教师	家长
9月	3. 幼儿能坚持使用洗手液，正确使用七步洗手法洗手。	3. 巩固七步洗手法。	3. 每天坚持用七步洗手法认真洗手，洗手时使用洗手液。	5. 生活环境布置：在盥洗室张贴正确的七步洗手法步骤示意图。 6. 通过儿歌、游戏，引导幼儿巩固学习七步洗手法步骤。 （1）学习儿歌《七步洗手歌》。 （2）洗手时，注意提醒幼儿取用适量洗手液洗手。 7. 通过值日生的方式，引导幼儿进行生活环节的相互督促与指导。 （1）每天请不同的幼儿当值日生，共同监督。 （2）洗手时，请值日生站在洗手池旁进行指导、督促。 8. 开展班级洗手比赛。	4. 引导幼儿巩固七步洗手法，外出回家后、饭前便后等需要进行手部清洁的环节提醒幼儿坚持用洗手液认真洗手。
10月—11月	1. 幼儿能掌握拧毛巾的方法，尝试把毛巾拧干。 2. 幼儿能掌握擦拭桌椅的方法，尝试将桌椅擦干净。	1. 学习如何正确拧毛巾。 2. 学习擦拭桌椅。	1. 坚持参加周一卫生大扫除活动。 2. 在进餐活动后尝试和教师一起进行简单的桌面清洁。	1. 开展集体教育活动"拧毛巾""我会擦桌椅"。 2. 环境布置：在生活区域张贴拧毛巾和擦拭桌椅的方法示例图，引导幼儿按步骤进行操作。 3. 在生活区投放相应材料，通过大扫除活动、日常活动、游戏活动引导幼儿练习拧毛巾和擦拭桌椅。	1. 为幼儿提供参与劳动的机会，每周固定时间和幼儿一起进行家庭劳动。 2. 引导幼儿巩固学习拧毛巾的方法。 3. 进行家庭劳动分工，幼儿负责低矮桌椅的擦拭，鼓励幼儿做力所能及的事情。

月份	教育目标	内容安排	实施途径		
			幼儿	教师	家长
12月—1月	1. 幼儿能够整理好自己的床铺。 2. 幼儿尝试按照一定的步骤叠被子。	1. 学习整理床铺。 2. 初步学习叠被子。	1. 在教师的指导下，学习自己整理好床铺的方法，每天坚持做好自己床铺的整理。 2. 尝试每天自己叠好被子。	1. 开展教学活动"叠被子""整理床铺"，通过儿歌帮助幼儿了解其方法。 2. 在午睡室展示叠被子步骤图和整理床铺示意图。 3. 在日常活动中注意对幼儿进行指导，提醒幼儿间进行相互学习。 4. 在生活游戏区域提供小衣服、裤子等材料，供幼儿进行游戏练习。 5. 学期末开展班级幼儿叠被子比赛。	1. 和幼儿共同完成每天的床铺整理。 2. 为幼儿提供适宜的被子，供幼儿进行叠被子练习。 3. 鼓励幼儿坚持完成整理小任务，不包办代替，对幼儿的进步给予表扬和肯定。

第三节　稚趣课程之劳动有趣主题课程

劳动有趣主题课程目标

（一）趣味种植活动目标

领域	目标
健康	1. 认识常见的种植工具，知道使用方法。 2. 了解种植的过程。 3. 掌握简单的种植方法和技巧。 4. 能够有序收放工具材料，保持个人卫生。 5. 在种植活动中学会自我保护。
语言	1. 认真倾听别人讲述，不随意打断。 2. 能够发现种植过程中的问题，并大胆表达自己的想法和观察发现。 3. 愿意与同伴交谈，分享自己的种植经验。 4. 收集、续编、创编、讲述有关种植的故事、儿歌。 5. 尝试用自己的方式记录种植过程。

领域	目标
社会	1. 喜欢参加种植活动。 2. 能遵守种植活动的规则。 3. 在参与种植活动的过程中，萌发珍惜劳动成果的情感。 4. 感受植物与人类生活的密切联系，树立爱护植物、爱护环境的意识。
科学	1. 通过观察，发现植物的不同。 2. 初步了解植物的生长条件及变化过程。 3. 尝试用多种方式记录植物的生长过程。 4. 在种植活动中感知数学的有用和有趣。
艺术	1. 喜欢亲近自然，感受自然的美。 2. 尝试进行种植活动的艺术创作，装饰美化环境。 3. 在成人的引导下尝试制作种植图画书。

（二）趣味食艺活动目标

领域	目标
健康	1. 认识常见工具，并学习使用。 2. 掌握美食制作基本操作方法，发展手部动作。 3. 在美食制作活动中，具备基本的安全知识和自我保护能力。 4. 学习几种食物的制作方法及流程。 5. 能够收纳整理工具材料。
语言	1. 学会认真倾听。 2. 愿意与他人交谈，清楚表达自己的意见和想法。 3. 愿意用图画、符号表达自己的想法。 4. 尝试进行简短的儿歌、故事创编。
社会	1. 愿意和同伴合作进行活动。 2. 喜欢参加美食制作活动，并能遵守规则。 3. 能和他人分享劳动成果。

领域	目标
科学	1. 能够发现活动中有趣的事物或现象，并积极寻找原因。 2. 学习使用工具，探索不同材料按不同比例组合后的不同。 3. 能够认识区分常见的调味品。 4. 用绘画、图表进行简单的记录。
艺术	1. 喜欢欣赏各种美食艺术作品。 2. 能与同伴合作或自主完成美食步骤图的制作。 3. 根据生活经验进行简单的美食创作，如摆盘、食物搭配。

（三）趣味布艺活动目标

领域	目标
健康	1. 认识常见的布艺工具，了解基本使用方法。 2. 能进行简单的布艺活动，发展手部精细动作。 3. 使用材料开展布贴画、敲拓染、扎染、缝纫、编织等布艺手工活动。 4. 能够安全使用工具，学习自我保护。 5. 在活动中保持衣物、桌面的整洁干净。
语言	1. 能够认真倾听他人讲话。 2. 在活动中能和同伴分工合作，交流、协商解决问题。 3. 愿意用自己的话分享介绍自己的作品。 4. 收集有关布艺制作的故事、儿歌等，尝试续编、创编故事和儿歌。 5. 利用图画、符号记录活动过程。
社会	1. 积极主动参加布艺活动，能够坚持完成任务。 2. 能与同伴协商制定活动规则并能遵守规则。 3. 感受布料在生活中的作用，知道节约材料。 4. 通过布艺活动，感受手工制作的快乐，激发热爱劳动的情感。 5. 喜欢参加不同形式的布艺手工活动，爱护自己和别人的劳动成果。

领域	目标
科学	1. 认识常见布料，了解布料的区别及用途。 2. 通过图画、符号、数字等方式记录制作过程和观察发现。 3. 初步理解测量的含义，利用工具进行测量并进行记录。 4. 喜欢探索生活中的自然材料，尝试利用材料开展活动。 5. 在活动中感受数学的有趣和有用。
艺术	1. 欣赏不同类型的布艺作品，感受布艺作品的美。 2. 能设计图稿并尝试进行布艺制作。 3. 与成人一起利用布艺制品装饰环境。

劳动有趣主题课程操作要点

"劳动有趣"是稚趣课程六大主题板块之一，包括个人劳动、集体劳动、工坊劳动，幼儿园依托"新时代劳动教育背景下幼儿园劳作工坊建构实践"研究，深入探索和丰富劳动有趣主题课程内容，梳理了以下操作要点。

（一）工坊组建程序

幼儿园充分挖掘、利用与劳动有趣课程相关的资源，包括园所资源、教师资源、本土资源。通过设计、发放问卷，再经汇总信息、分析结果，综合考量活动蕴含的教育价值及活动的安全性，选择适宜的教学内容，最终确立种植、食艺、布艺三个工坊，开展趣味种植、趣味食艺、趣味布艺活动。

（二）场地选择标准

幼儿活动需要场地支持，便于集中工具材料，满足幼儿不同的劳作兴趣，支持幼儿操作体验。因此，根据三个工坊对场地环境、设施设备的要求分别制定了工坊场地选择标准。

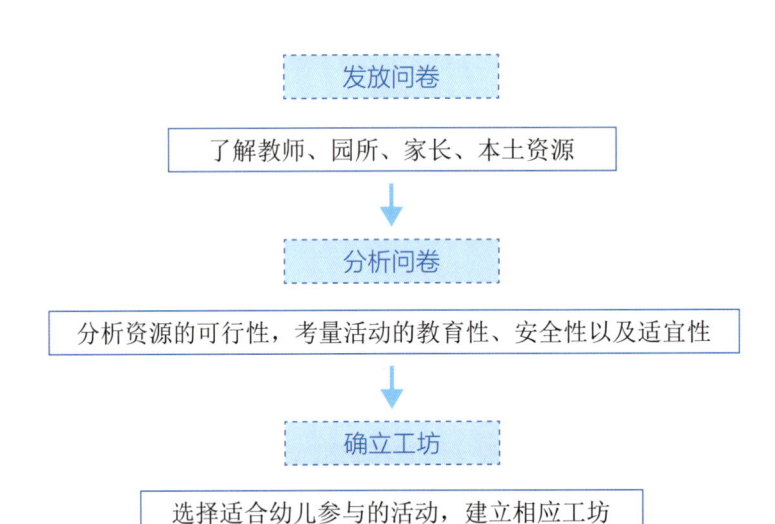

发放问卷
↓
了解教师、园所、家长、本土资源
↓
分析问卷
↓
分析资源的可行性，考量活动的教育性、安全性以及适宜性
↓
确立工坊
↓
选择适合幼儿参与的活动，建立相应工坊

工坊类别	场地选择标准
种植工坊	1. 户外平坦宽阔的土地。 2. 幼儿方便观察、操作。
食艺工坊	1. 室内活动室。 2. 有能使用的饮用水源。 3. 电气设备使用安全、方便。
布艺工坊	1. 室内活动室。 2. 空间宽敞、光线充足。

（三）环境创设要点

幼儿参与活动，除了使用工具材料，还要与环境互动，因此，需要创设符合幼儿年龄特点、充满趣味、自主开放的环境。幼儿园通过不断实践，梳理了三个工坊环境创设要点。

工坊类别	标识	工坊主题墙面	公共区域环境美化
种植工坊	1. 安全标识。 2. 种植作物标识。 3. 种植工具标识。	用游戏故事、观察记录等形式呈现幼儿活动过程。	1. 种植作物布展。 2. 种植工具分类有序摆放。
食艺工坊	1. 安全标识。 2. 区域标识。 3. 材料标识。	用游戏故事、观察记录等形式呈现幼儿活动过程。	1. 食材展。 2. 美食制作流程可视图。
布艺工坊	1. 安全标识。 2. 区域标识。 3. 材料标识。	用游戏故事、观察记录等形式呈现幼儿活动过程。	1. 幼儿手工。 2. 创意作品。

工坊场地环境

种植工坊场地环境　　　　食艺工坊场地环境　　　　布艺工坊场地环境

（四）材料投放流程

稚趣教育活动开展要求材料类型多样、数量充足且有层次。幼儿园积极发挥家委会的作用，通过倡议书的形式进行材料征集，在实践中总结出了工坊材料收集投放流程。

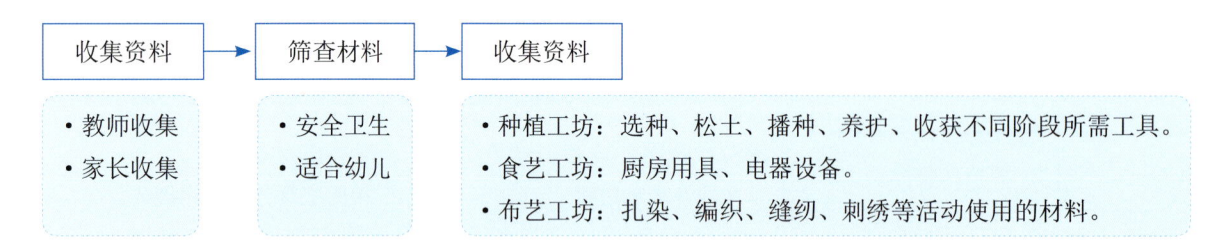

```
收集资料 → 筛查材料 → 收集资料
```

- 教师收集
- 家长收集

- 安全卫生
- 适合幼儿

- 种植工坊：选种、松土、播种、养护、收获不同阶段所需工具。
- 食艺工坊：厨房用具、电器设备。
- 布艺工坊：扎染、编织、缝纫、刺绣等活动使用的材料。

（五）人员结构与遴选条件

趣味种植活动、趣味食艺活动、趣味布艺活动依托劳作工坊实施。幼儿园在长期的实践中，总结出了工坊小组招募成员的两种方式：自愿报名、问卷调查。梳理形成包括坊主、副坊主、工坊成员、技术顾问在内的工坊人员架构，明确工作职责，并从认知、技能、态度等方面进行分析，制定了工坊成员遴选条件。

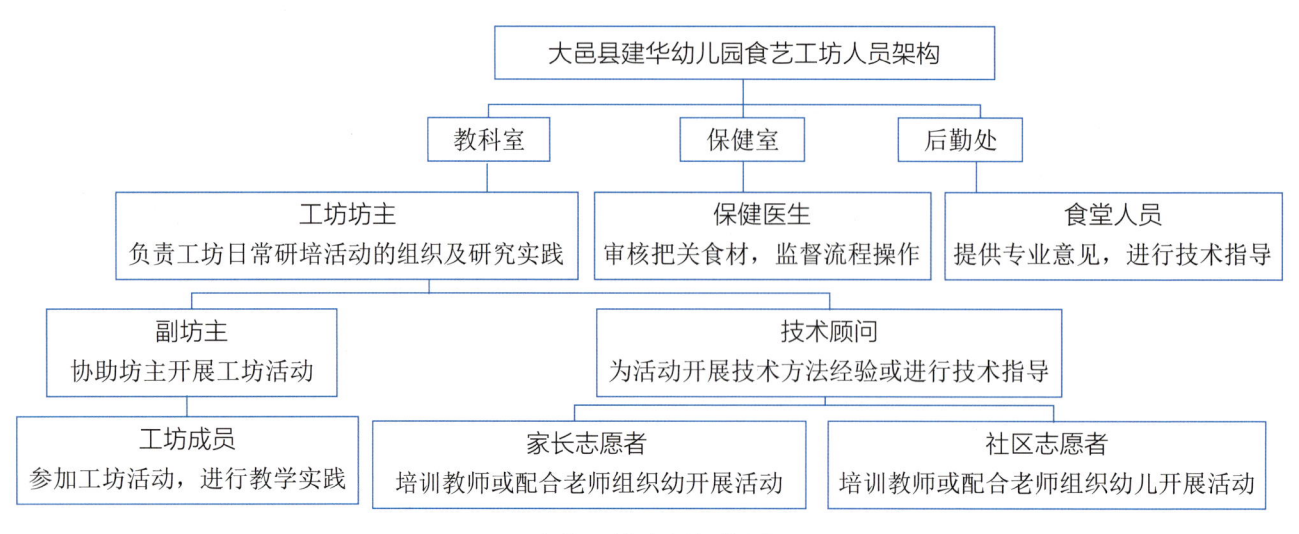

大邑县建华幼儿园食艺工坊人员架构

- 教科室
  - 工坊坊主：负责工坊日常研培活动的组织及研究实践
    - 副坊主：协助坊主开展工坊活动
      - 工坊成员：参加工坊活动，进行教学实践
- 保健室
  - 保健医生：审核把关食材，监督流程操作
- 后勤处
  - 食堂人员：提供专业意见，进行技术指导

- 技术顾问：为活动开展技术方法经验或进行技术指导
  - 家长志愿者：培训教师或配合老师组织幼开展活动
  - 社区志愿者：培训教师或配合老师组织幼儿开展活动

食艺工坊人员架构图

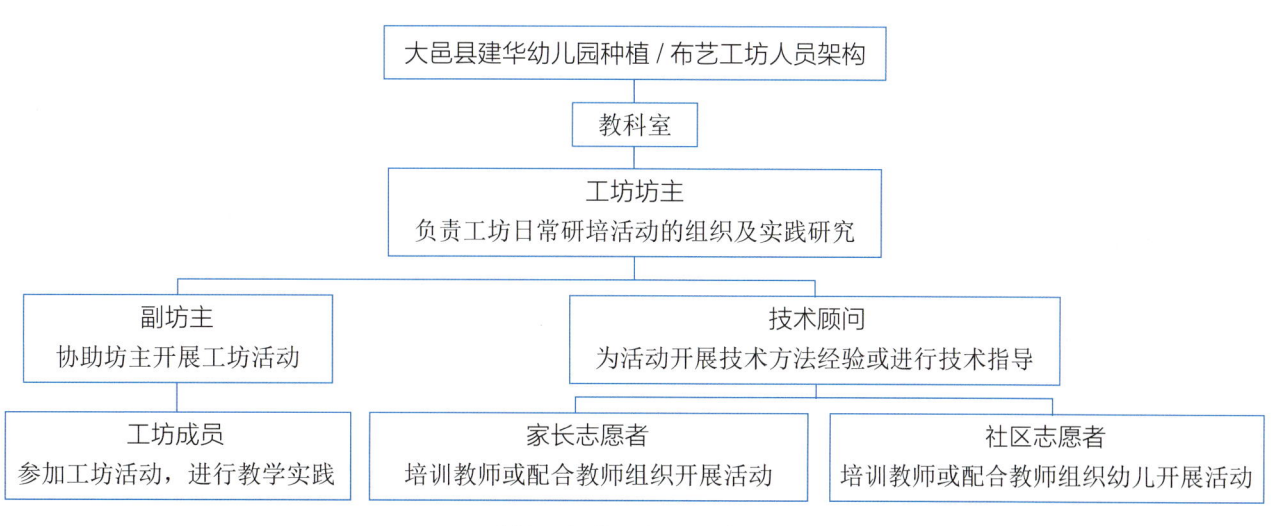

```
                  大邑县建华幼儿园种植/布艺工坊人员架构
                                │
                              教科室
                                │
                             工坊坊主
                   负责工坊日常研培活动的组织及实践研究
                    │                        │
                  副坊主                    技术顾问
          协助坊主开展工坊活动      为活动开展技术方法经验或进行技术指导
                    │                        │
              工坊成员          家长志愿者              社区志愿者
       参加工坊活动，进行教学实践  培训教师或配合教师组织开展活动  培训教师或配合教师组织幼儿开展活动
```

种植/布艺工坊人员架构图

工坊成员遴选条件一览表

人员	遴选条件
坊主	1. 有一定的操作经验。 2. 学习能力较强，能主动学习与工坊相关的理论知识。 3. 具有实践精神，和工坊成员一起积极进行实践探索。 4. 组织协调能力较好，统筹安排好工坊日常研培和教学实践活动。
副坊主	1. 对本工坊活动感兴趣，有一定的操作经验。 2. 愿意学习，主动学习与工坊相关的理论知识。 3. 和工坊成员一起积极进行实践探索。 4. 能够团结合作，协助坊主做好工坊组织管理工作。
工坊成员	1. 对本工坊活动感兴趣。 2. 愿意学习，通过理论学习或观摩研讨，提升设计组织工坊教学活动的理论水平和实操技能。 3. 态度认真，积极参加工坊的培训教研、教学观摩等活动。 4. 具有创新意识，大胆进行实践。
技术顾问	1. 拥有与种植养护、美食制作、布艺手工相关的实操经验或是方法技巧。 2. 时间有保障，灵活安排时间参加工坊活动。

三

劳动有趣主题课程管理

（一）管理制度

为使劳动有趣主题活动高效、有序开展，需要及时总结管理经验，制定完善的劳作工坊日常管理制度。幼儿园通过实践制定了《大邑县建华幼儿园工坊使用规则及安全职责》《大邑县建华幼儿园劳作工坊教师学习制度》《大邑县建华幼儿园劳作工坊活动家长参与流程及注意事项》《大邑县建华幼儿园劳作工坊小组研培制度》《大邑县建华幼儿园劳作工坊考核制度》等劳作工坊日常管理制度。

（二）活动流程

幼儿园通过不断地实践、反思、总结，制定了趣味种植、趣味食艺、趣味布艺活动实施流程，明确了各步骤的内容及要求。

1. 趣味种植活动

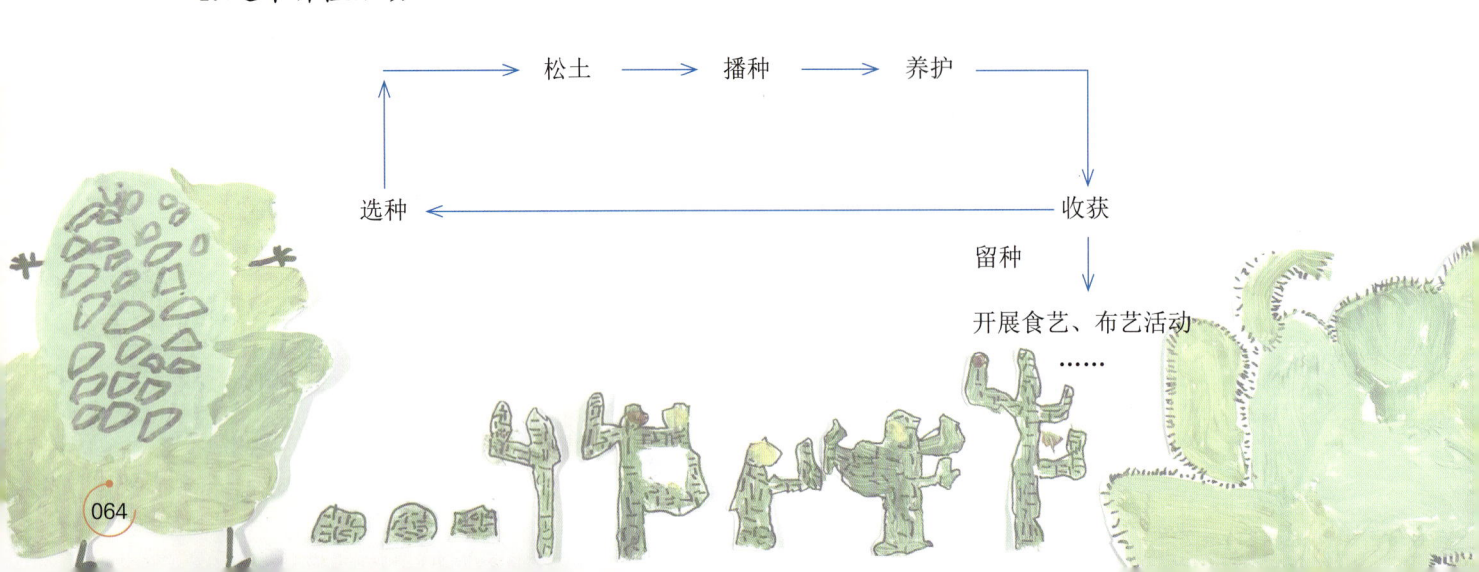

```
选种 → 松土 → 播种 → 养护 → 收获
 ↑                                    ↓
 └──────────────────────────────────  留种
                                      ↓
                                 开展食艺、布艺活动
                                      ……
```

2. 趣味食艺活动申请审核流程

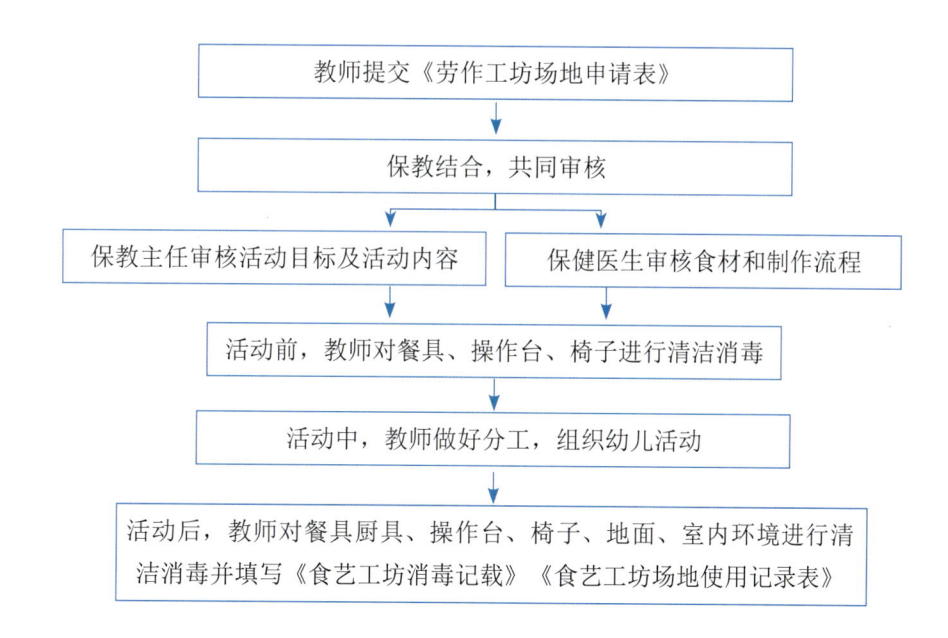

```
教师提交《劳作工坊场地申请表》
            ↓
      保教结合，共同审核
        ↙           ↘
保教主任审核活动目标及活动内容   保健医生审核食材和制作流程
        ↘           ↙
活动前，教师对餐具、操作台、椅子进行清洁消毒
            ↓
活动中，教师做好分工，组织幼儿活动
            ↓
活动后，教师对餐具厨具、操作台、椅子、地面、室内环境进行清洁消毒并填写《食艺工坊消毒记载》《食艺工坊场地使用记录表》
```

3. 趣味食艺活动刀具管理及使用要求

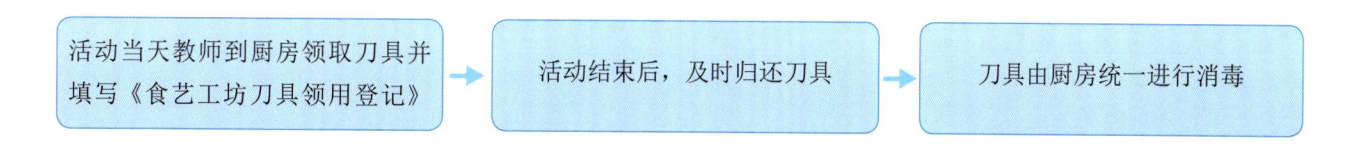

活动当天教师到厨房领取刀具并填写《食艺工坊刀具领用登记》 → 活动结束后，及时归还刀具 → 刀具由厨房统一进行消毒

4. 趣味布艺活动申请审核流程

教师提交《劳作工坊场地申请表》 → 保教主任审核活动目标及活动内容 → 活动前，教师检查场地、材料的安全核 → 活动中，教师做好分工，组织幼儿活动 → 活动后，组织幼儿收拾材料，做好场地清洁并填写《布艺工坊场地使用记录表》

（三）教研机制

教研活动是有效解决劳动有趣主题活动开展过程中具体问题的有效途径。为了保障工坊教研活动有效开展，幼儿园经过实践探索梳理形成了劳动有趣工坊小组教研机制。

时间安排	1. 每月 2 次，单周周四中午。 2. 研培时间 1.5 个小时。
研培形式	1. 理论学习。 2. 实操培训。 3. 观摩研讨。 4. 案例分享。 5. 经验交流。 6. 考核汇报。
研培内容	种植工坊：区别种子秧苗、选种的方法、播种方式、化肥的功用、如何留种、设计种植记录本……
	食艺工坊：不同季节适合制作的美食、面点制作、烘焙方法、电气设备使用……
	布艺工坊：扎染技巧、针法学习、编织方法……
活动组织	1. 坊主主持研培活动。 2. 工坊成员轮流进行活动记录及资料收集。

第三章

稚趣课程之趣味种植活动

劳动有趣是稚趣教育理念下建华幼儿园活学课程的六大板块之一，分为自我劳动、集体劳动和劳作工坊三类活动。其中劳作工坊又分为种植、食艺、布艺三大工坊。

种植工坊是唯一的户外工坊，能同时满足幼儿好动、好奇、好模仿、好户外的需要。

对于种植和饲养，生活在美丽乡村的孩子们并不陌生。幼儿园种植（饲养）活动中蕴含着丰富的教育契机，能促进幼儿认知、情感和技能等多方面的发展。如何让孩子们对这些司空见惯，有时还觉得有些"累人"的"活儿"产生兴趣并持续参与呢？那就从奇妙的生长变化开始！

趣味种植工坊主要依托幼儿园的户外种植园地，根据幼儿年龄特点，结合季节时令，选择适合的植物和动物进行种植和饲养活动，让幼儿参与体验栽种、养护、收获和看护、照料、喂养的过程，从而获得自然科学的童年经验。

第一节　小班主题活动——种植西兰花

主题说明	陈鹤琴先生说过："大自然是我们的知识宝库、大社会是我们的生活宝库，是我们的活教材。"幼儿园里的种植园对于幼儿有着深厚的教育价值，西兰花是幼儿在日常生活中容易接触到的，但在用餐时仍有幼儿会悄悄把西兰花拨到一边。为了帮助幼儿认识西兰花的外形特征以及喜欢吃西兰花，为此开展了"种植西兰花"的主题活动。
主题目标	1. 了解秋天适合种植什么植物。 2. 愿意与同伴交流，大胆地表达自己的发现。 3. 了解简单的除草、浇水技巧，发展动手能力。 4. 能够了解西兰花的特征，并用简单的绘画方式表现出来。 5. 学会观察照顾西兰花，萌发对植物的热爱之情。

主题网络图

种植西兰花
- 种植准备
  - 社会领域—人们有趣：秋天适合种什么
  - 健康领域—劳动有趣：我会除草
- 开始种植
  - 健康领域—劳动有趣：种植西兰花秧苗
  - 科学领域—草木有趣：观察西兰花秧苗
- 养护西兰花
  - 科学领域—草木有趣：长洞洞的西兰花叶
  - 健康领域—劳动有趣：我有办法
  - 科学领域—草木有趣：西兰花生病好了吗
  - 科学领域—草木有趣：西兰花长大了
  - 艺术领域—创意有趣：西兰花拓印画

活动一览		
序号	活动名称	活动形式
1	秋天适合种什么	亲子
2	我会除草	区域
3	种植西兰花秧苗	小组
4	观察西兰花秧苗	集体
5	长洞洞的西兰花叶	小组
6	我有办法	集体
7	西兰花生病好了吗	小组
8	西兰花长大了	集体
9	西兰花拓印画	集体

资源利用	
本土资源	1. 西兰花秧苗。
	2. 周围种植西兰花的农户。
园所资源	1. 种植区域。
	2. 种植工具。
家长资源	1. 收集西兰花秧苗。
	2. 协助完成调查表。
	3. 家长进园进行西兰花种植技术指导。

环境创设

教学活动

活动 1

秋天适合种什么

一、活动目标

1. 幼儿了解秋天适合种植什么植物。
2. 幼儿愿意与同伴交流，大胆表达自己的发现。

二、活动准备

1. 经验准备：家长带领幼儿了解秋天种植的植物。
2. 物质准备：已完成的调查表。

三、活动过程

（一）幼儿分享调查表

教师 "秋天适合种植的植物有哪些呢？是蔬菜还是水果，或者是其他的植物？"

（二）参观种植工坊

1. 教师引导幼儿观看其他班级种植的植物。

教师 "看看其他班级种植的是什么呢？"

2. 幼儿交流自己的观察发现。

（三）在幼儿已有经验的基础上，帮助他们对自己的发现进行梳理总结

（四）活动小结

1. 分享交流。

教师 "秋天你们最想种植什么？"

2. 师幼共同制作"最想种植什么?"汇总表。

秋天适合种什么?（亲子调查）

小二班
姓名：

播种时间（用圆点表示）	你想种的植物（画图）	适合植物生长的季节（绘画）

最想种植什么?

活动 2

我会除草

一、活动目标

1. 幼儿了解简单的除草技巧，发展动手能力。
2. 幼儿通过除草活动，体验劳动的乐趣。

二、活动准备

1. 小铁锹、铁耙。
2. 垃圾袋。

三、活动过程

（一）了解除草工具

1. 带领幼儿到种植工坊，观察大班幼儿除草活动。

教师 "哥哥姐姐在干什么？他们用了什么工具？"

2. 观察班级种植园的情况，分享交流种植前准备。

教师 "我们地里有杂草，你想怎么除草？"

教师 "哥哥姐姐是怎么使用工具的？"

3. 教师讲解铁锹、铁耙除草的正确方法，并进行示范，提醒幼儿注意工具使用安全。
4. 幼儿分组进行除草活动，将杂草放在垃圾袋里。

（二）结束活动

1. 幼儿将工具放回原位。
2. 幼儿有序到小水龙头旁边进行洗手。

活动3

种植西兰花秧苗

一、活动目标

1. 幼儿了解西兰花的种植方法，尝试种植西兰花秧苗。
2. 幼儿喜欢参与种植活动。

二、活动准备

1. 西兰花秧苗。
2. 锄头、铁锹、水壶。
3. 预约家长参与活动。

三、活动过程

（一）出示西兰花秧苗，激发幼儿兴趣

教师 "西兰花秧苗长什么样？"

（二）种植秧苗

1. 家长示范种植西兰花秧苗，讲解种植要点。
   （1）将有根须的部分埋入土里。
   （2）用泥土把根部完全覆盖。
   （3）浇适量的水。
2. 幼儿尝试种植秧苗。

（三）师幼总结

1. 师幼一起总结种植西兰花秧苗的过程情况。
2. 幼儿有序把小水壶放回原位。

> 活动 4

观察西兰花秧苗

一、活动目标

1. 幼儿通过观察发现西兰花秧苗的生长情况。
2. 幼儿愿意表达自己的观察发现，并尝试记录。

二、活动准备

1. 班级种植区域。
2. 水彩笔、记录本。

三、活动过程

（一）幼儿到种植区域进行观察，教师巡视指导

（二）幼儿表达自己的发现

1. 幼儿自主交流。

   教师 "说一说你看到了什么？"

2. 教师重点引导幼儿从颜色、大小观察西兰花秧苗。

   教师 "叶子颜色有什么不同？大小一样吗？"

   教师 "除了这些，你还发现了什么？"

3. 鼓励幼儿用绘画的方式记录自己的发现，教师巡视指导，提醒幼儿注意秧苗的颜色、大小。
4. 幼儿相互交流分享自己的观察发现。

活动 5

有小孔的西兰花叶

一、活动目标

1. 幼儿通过对比发现西兰花叶子的变化。
2. 幼儿能大胆猜测西兰花叶有小孔的原因。

二、活动准备

有小孔的西兰花秧苗。

三、活动过程

（一）教师带领幼儿到种植区域进行观察

1. 幼儿观察西兰花的生长情况。
2. 重点引导幼儿观察叶子的变化，发现叶子上的小孔。

教师 "我们发现了叶子上有小孔，小孔是怎么来的呢？"

（二）幼儿大胆猜测小孔形成的原因

教师汇总幼儿猜测，例如，虫咬、营养不良、小鸟啄……

（三）活动延伸

家长带领幼儿探究小孔形成的原因，并寻找解决方法。

活动 6

我有办法

一、活动目标

1. 幼儿尝试用多种工具捉住叶子上的虫子。
2. 幼儿愿意参加劳动，保护西兰花秧苗。

二、活动准备

1. 西兰花叶有小孔的图片。
2. 手套、镊子、放大镜、小木棍、纸杯。

三、活动过程

（一）经过前期亲子查阅资料，幼儿发现西兰花叶有小孔是因为虫害

（二）幼儿分享了解到的方法

教师 "菜叶生病了，它不舒服、不开心，我们应该怎样帮助它呢？"

（三）出示工具，幼儿自主选择

1. 幼儿选择工具尝试捉虫。
2. 教师巡视，提醒幼儿保护秧苗，安全使用工具。

（四）分享交流

教师 "你用了什么工具捉虫？"

教师 "用哪个工具捉到的虫更多呢？"

（五）总结梳理最有效的捉虫工具

幼儿在老师的引导下，总结、梳理最有效的捉虫工具。

（六）活动延伸

将工具投放到种植区，幼儿进行日常养护。

活动 7

西兰花生病好了吗

一、活动目标

1. 幼儿能够通过对比，发现西兰花叶子的变化，激发幼儿的探索欲望。
2. 幼儿尝试用简单的图画记录自己的观察发现。

二、活动准备

1. PPT课件。
2. 种植记录本。

三、活动过程

（一）实地观察

1. 教师带领幼儿到种植区观察西兰花叶子生长情况。
2. 幼儿相互交流自己的观察发现。

（二）出示捉虫前后西兰花叶子的对比图片，激发幼儿兴趣

教师："捉虫后，现在西兰花的叶子有了什么变化？"

（三）通过观察西兰花叶子的变化，幼儿自主进行观察记录

1. 教师巡视指导，关注全体幼儿，重点引导幼儿观察叶子。
2. 幼儿与同伴交流讲述自己的记录。

西兰花的生长情况

姓名：丁诗芮

以前生病的叶子	现在的叶子呢

活动 8

西兰花长大了

一、活动目标

1. 幼儿观察发现西兰花长大了，同时能用自己的方式进行记录。
2. 幼儿感受劳动带来的成功体验。

二、活动准备

1. 种植区域。
2. 西兰花生长变化视频。
3. 种植记录本、水彩笔。

三、活动过程

（一）教师播放西兰花的生长变化视频

教师 "经过我们的悉心养护，猜一猜西兰花现在变成什么样了？"

（二）幼儿到种植区实地观察西兰花

教师 "西兰花有什么样的变化呢？"

（三）幼儿记录观察结果

1. 教师引导幼儿从西兰花的颜色、大小观察西兰花的生长情况。
2. 幼儿记录，教师巡回指导。

（四）幼儿分享交流记录情况

幼儿们在一起，交流并分享记录情况。

活动 9

西兰花拓印画

一、活动目标

1. 幼儿尝试使用西兰花进行拓印。
2. 幼儿愿意参与活动，体验拓印的乐趣。

二、活动准备

1. 拓印画。
2. 西兰花、水粉颜料、调色盘、画纸。

三、活动过程

（一）欣赏作品，感受拓印画的特别之处

1. 幼儿欣赏拓印作品，激发兴趣。

> 教师 "这些图案是怎么来的？"（拓印）

2. 幼儿自由表达自己的想法，感受拓印画的美。

> 教师 "这些画上有哪些颜色？你喜欢什么颜色？"

（二）了解拓印的工具与材料，初步尝试拓印

1. 教师介绍拓印画的工具与材料。
2. 教师讲解并示范拓印，幼儿观察西兰花拓印的变化。

> 教师 "轻轻地蘸一蘸颜料，轻轻地压在纸宝宝身上，美丽的花朵就出现了。"

> 教师 "那我们现在也来试试看，一起变一变魔法吧。"

（三）拓印注意事项

1. 拓印画前穿好罩衣。

2.颜料不要沾到别的小朋友身上。

（四）幼儿作画

幼儿使用西兰花进行拓印活动，教师巡视指导。

（五）集中分享，欣赏作品

教师 "小朋友们说一说你是怎么拓印的？用了什么颜色？"

（六）活动延伸

幼儿作品展示在美工区域。

第二节 中班主题活动——落叶肥料

主题说明	基于"我的大树朋友"主题活动的开展，在观察大树时，满地的落叶吸引了幼儿的兴趣，经调查，发现落叶可以制作成肥料给植物施肥。因此，我们结合中班幼儿的年龄特点，开展了制作落叶肥料的系列活动。通过活动，幼儿在亲身参与体验中了解落叶的作用，感受大自然的神奇，体验探究过程，激发幼儿的探究兴趣，初步发展其探究能力。
主题目标	1. 了解什么是落叶肥料，学习落叶肥料的制作方法并尝试制作。 2. 了解制作落叶肥料的不同方法，能够发现它们之间的异同点。 3. 在观察过程中能用图画、符号进行记录，并能用较完整的语言表述自己的观察结果。 4. 通过多种方法收集落叶，感受与同伴合作的乐趣。

主题网络图

落叶肥料
- 了解落叶肥料
  - 科学领域—草木有趣：什么是落叶肥料
- 制作落叶肥料
  - 健康领域—劳动有趣：收集落叶
  - 艺术领域—创意有趣：剪树叶
  - 科学领域—草木有趣：制作落叶肥料方法1
  - 科学领域—草木有趣：肥料大不同
  - 科学领域—草木有趣：制作落叶肥料的不同方法
  - 科学领域—草木有趣：制作落叶肥料方法2
  - 科学领域—草木有趣：肥料的变化
- 落叶肥料的作用
  - 社会领域—人们有趣：有用的肥料

活动一览		
序号	活动名称	活动形式
1	什么是落叶肥料	集体
2	收集落叶	小组
3	剪树叶	小组
4	制作落叶肥料方法1	集体、小组
5	肥料大不同	小组
6	制作落叶肥料的不同方法	集体
7	制作落叶肥料方法2	小组
8	肥料的变化	小组
9	有用的肥料	小组
资源利用		
园所资源	1. 落叶。 2. 堆肥桶。 3. 泥土。	
家长资源	1. 带领幼儿上网查阅资料，了解落叶肥料的作用、材料与不同方法。 2. 了解落叶肥料的制作过程及步骤。	

环境创设

教学活动

活动 1

什么是落叶肥

一、活动目标

1. 幼儿了解什么是落叶肥料及不同的制作方法。
2. 幼儿通过观察，学习落叶肥料的制作过程。

二、活动准备

落叶肥料的制作视频。

三、活动过程

（一）谈话导入，激发幼儿的兴趣

教师："小朋友们，你们知道落叶可以拿来干什么吗？"

教师："我们可以把落叶收集起来做成落叶肥料，这样就可以给种植地里的蔬菜宝宝施肥了。"

教师："你们知道什么是落叶肥料吗？我们一起去了解一下吧！"

（二）播放视频

1. 教师播放落叶肥料的制作视频，引导幼儿了解什么是落叶肥料。

教师："小朋友们，视频里面你们看到了什么？"

教师："什么是落叶肥料呢？视频里面是怎么做的？"

2. 幼儿分小组针对"什么是落叶肥料"这个问题进行讨论，教师观察指导，了解幼儿对落叶肥料的认识。

（三）幼儿分享本组的讨论结果

1. 小组分享讨论结果。
2. 教师进行活动总结。

> 教师 "刚才我们一起了解了什么是落叶肥料。把掉落的树叶收集起来，用不同的方法制作出来，变成有用的肥料后，就可以给蔬菜宝宝施肥啦！"

活动 2

收集落叶

一、活动目标

1. 幼儿通过了解绘本中落叶的各种形态，产生收集落叶的想法。
2. 幼儿通过讨论，寻找出收集落叶的最佳方法。
3. 幼儿愿意在活动中与同伴进行合作，感受收集落叶的乐趣。

二、活动准备

1. 绘本《落叶跳舞》。
2. 筐、口袋。
3. 幼儿园户外区域。

三、活动过程

（一）绘本封面导入，吸引幼儿的兴趣

教师出示《落叶跳舞》绘本封面，引导幼儿进行观察。

> 教师 "封面上的落叶在干什么？"

> 教师 "我们一起去看看，落叶发生了什么有趣的故事吧！"

（二）教师完整讲述绘本，引导幼儿观察落叶的各种形态

> 教师 "落叶怎么了？"

> 教师 "它们在干什么？它们的表情、动作怎么样？"

教师 "你们想不想和落叶一起跳个舞呀？我们一起去收集落叶吧！"

（三）讨论：怎样收集落叶

教师 "幼儿园里有许许多多的落叶，我们应该怎样去收集呢？"

1. 小组内展开讨论：收集落叶的方法，装落叶的工具。
2. 幼儿分组交流讨论结果。
3. 得出结论：分小组收集落叶，将收集到的落叶放在筐子里，再装进袋子里密封保存。

（四）收集落叶

1. 教师带领幼儿到户外寻找落叶。
   （1）幼儿自由分组收集落叶，教师注意观察引导。
   （2）游戏：落叶收集大比拼。
2. 幼儿分享劳动成果，说一说自己在收集过程中遇到的问题和趣事。

活动 3

剪落叶

一、活动目标

1. 幼儿掌握正确剪碎落叶的技巧。
2. 幼儿感受剪落叶过程中带来的乐趣。

二、活动准备

1. 上次活动中收集好的落叶。
2. 儿童剪刀。
3. 报纸。
4. 筐。

三、活动过程

（一）实物导入，激发幼儿的兴趣

教师出示上次活动中收集好的落叶，并提问："小朋友们，上次活动中我们收集到了许多的落叶，但是制作肥料的落叶需要很小很小，我们可以用什么方法把落叶变小呢？"

（二）分小组讨论：将落叶变小的方法

1. 幼儿在小组内进行讨论。
2. 幼儿分享讨论结果。
3. 得出方法：可以用剪刀来将落叶剪碎，这样落叶就能变成很多小碎片了。

（三）剪落叶

1. 教师示范剪落叶的方法和技巧，提醒幼儿注意安全。
2. 幼儿分组剪落叶，教师观察指导。

（四）活动小结

请幼儿分享自己在剪落叶过程中的经验。

活动 4

制作落叶肥料方法 1

一、活动目标

1. 幼儿通过观察，了解落叶肥料的制作过程。
2. 幼儿体验制作落叶肥料，感受动手操作的乐趣。

二、活动准备

1. 制作落叶肥料的视频。
2. 剪好的落叶。
3. 泥土。
4. 铁锹。

5. 堆肥桶。

三、活动过程

（一）视频导入，引出活动主题

教师播放制作落叶肥料的视频，引导幼儿进行观察。

教师 "视频中是怎样制作落叶肥料的呢？"

教师 "在前两次活动中，我们就收集了落叶、剪好了落叶，今天我们就一起来制作落叶肥料吧！"

（二）幼儿观察学习落叶肥料的制作过程

1. 教师带领幼儿回顾并示范制作落叶肥料的过程及步骤，引导幼儿再次完整地了解落叶肥料的制作过程。

教师 "制作落叶肥料的过程中需要注意什么呢？"

2. 教师讲解操作过程中的安全注意事项。

（三）收集泥土，制作落叶肥料

1. 教师带领幼儿到户外收集泥土。
2. 将收集的泥土、剪好的落叶放进堆肥桶内，盖一层泥土将其覆盖，再加盖密封。

（四）教师带领幼儿一起进行回顾总结

幼儿分组绘制落叶肥料制作流程图。

活动 5

肥料大不同

一、活动目标

1. 幼儿通过观察、对比，了解落叶肥料存放后发生的变化。
2. 幼儿能够将落叶肥料的变化进行记录并分享记录结果。

二、活动准备

1. 制作好的落叶肥料。

2. 记录表。

3. 水彩笔。

三、活动过程

（一）谈话导入，引出活动的主题

教师 "小朋友们，上次活动中我们制作了落叶肥料。在这段时间内，它也在悄悄地发生变化。你们想不想知道它发生了什么样的变化？我们一起去看一看吧！"

（二）观察落叶肥料的变化

1. 教师带领幼儿到种植区观察落叶肥料。

2. 幼儿通过观察、对比了解落叶肥料的变化。

3. 教师重点引导幼儿从树叶、泥土颜色进行观察。

（三）记录肥料的变化

1. 教师讲解完记录的要求和方法之后，分发记录表。

2. 请幼儿将自己观察到的落叶肥料的变化记录下来，教师观察指导。

（四）交流分享记录结果

幼儿讨论交流记录结果。

（五）教师带领幼儿一起进行回顾总结

树叶颜色变黑、泥土变深，表明落叶肥料制作成功。

落叶肥料观察记录表

记录人：

小朋友们，你们观察到 🍂 肥料有什么变化吗？赶快记录下来吧！

活动6

制作落叶肥料的不同方法

一、活动目标

1. 幼儿通过观察、对比，了解落叶肥料不同的制作方法。
2. 幼儿能够发现两种制作方法之间的异同。

二、活动准备

淘米水制作落叶肥料的视频。

三、活动过程

（一）谈话导入，引导幼儿进行前期经验回顾

教师 "小朋友们，上次活动中我们制作了落叶肥料，你们还记得怎样做的吗？用了什么样的方法和材料？"

（二）幼儿观看视频，学习制作落叶肥料新方法。

教师 "怎样制作落叶肥料的呢？"

（三）了解两种方法之间的异同点

教师 "上次活动和这次活动的制作方法，有哪些相同点和不同点？"

1. 幼儿分组进行交流讨论。
2. 幼儿分享讨论结果。

（四）教师带领幼儿一起进行回顾总结

制作方法、材料、发酵时间不一样，使用材料中只有树叶是相同的。

> 活动 7

制作落叶肥料方法 2

一、活动目标

1. 幼儿学习用淘米水制作落叶肥料的方法。
2. 幼儿感受用淘米水制作落叶肥料的乐趣。

二、活动准备

1. 大米的图片。
2. 落叶。
3. 新鲜的米。
4. 堆肥桶。

三、活动过程

（一）图片导入，吸引幼儿的兴趣

教师出示大米的图片，引导幼儿进行观察。

教师 "小朋友们，这是什么？"

教师 "大米除了可以吃，还可以用来做什么呢？"

活动小结：大米除了用来食用外，还可以将清洗大米的淘米水用于浇花、洗脸、制作落叶肥料等。

（二）收集树叶

1. 教师带领幼儿到户外，分组收集本次活动需要的树叶。
2. 收集好树叶以后，组织幼儿将树叶装进堆肥桶内。

（三）制作落叶肥料

1. 收集淘米水：幼儿自由分组，把事先准备好的米放到盆子里进行清洗，收集清洗过后的淘米水，放置待用。

2. 收集好淘米水后，将淘米水倒进堆肥桶内并进行密封保存。
3. 幼儿设计标签贴在堆肥桶上，与上次制作的肥料进行区分。

（四）活动延伸
日常观察、对比两种肥料发酵过程的不同。

活动 8

肥料的变化

一、活动目标
1. 幼儿能够从气味、颜色两方面判断落叶肥料的变化。
2. 幼儿能够用自己的方式记录肥料的变化过程。
3. 幼儿能用完整的语言讲述自己在观察中的发现。

二、活动准备
1. 制作好的腐叶土。
2. 记录表。

三、活动过程
（一）教师出示记录表，引出活动的主题
教师 "上次我们用了不同的方法制作落叶肥料，你们知道它发生了什么变化吗？我们赶紧去看看，然后把它的变化记录下来吧！"

（二）观察肥料的变化
1. 教师带领幼儿到种植区去观察肥料，了解落叶肥料的变化。
2. 教师重点引导幼儿从气味、颜色两方面观察肥料的变化。

（三）记录肥料的变化

幼儿将自己观察到的变化进行记录，教师进行观察指导。

（四）分享记录结果

1. 分组讨论交流，并汇总记录结果。
2. 小组代表分享本组汇总结果。

（五）活动小结

教师 "通过小朋友的观察发现，经过一段时间之后，树叶的颜色发生了变化，从最开始的绿色、棕色，慢慢变成了黑色，气味也发生了变化，发酵过后变得有些酸酸的。"

活动 9

有用的肥料

一、活动目标

1. 幼儿尝试利用落叶肥料给蔬菜进行施肥，学习施肥的方法。
2. 幼儿在劳动中感受施肥带来的乐趣。

二、活动准备

1. 制作好的落叶肥料。
2. 种植区里的蔬菜宝宝。
3. 给植物施肥的视频。

三、活动过程

（一）谈话导入，引出活动的主题

教师 "小朋友们，我们的落叶肥料已经制作完成，你们知道可以怎么使用吗？"

（二）播放施肥视频，学习落叶肥料的使用方法

1. 教师播放视频，幼儿观察了解落叶肥料的使用方法。
2. 师幼共同讨论施肥的注意事项及安全要点。

（三）分组给植物施肥

1. 幼儿自由分组，选择不同的肥料及施肥工具。
2. 幼儿尝试给蔬菜宝宝施肥，教师观察指导。

（四）活动延伸

幼儿猜测哪种肥料更适合植物生长，通过日常观察，验证自己的猜想。

落叶肥料观察记录表

记录人：

小朋友们，你们观察到 🍂 肥料有什么变化吗？赶快记录下来吧！

经过一段时间，树叶变黑了。

刚开始树叶是棕色的。

第三节 大班主题活动——甜甜西瓜

主题说明	《3—6岁儿童学习与发展指南》中提出："支持幼儿在接触自然、生活事物和现象中积累有益的直接经验和感性认识。"上学期，幼儿看着大二班种植的西瓜好生羡慕，也想种植西瓜。到了这学期开学，他们依然情绪高涨，基于幼儿兴趣和年龄特点，开展本次的种植活动——甜甜西瓜。让幼儿在劳动活动中，体验劳动的辛苦，从而珍惜劳动成果，尊重劳动人民，热爱劳动。
主题目标	1. 幼儿能自行选择适宜的种植工具，并熟练使用。 2. 幼儿了解大棚西瓜的种植方法，初步掌握搭大棚的方法。 3. 幼儿能使用不同的方式记录西瓜的生长过程。 4. 幼儿能有序、连贯地讲述自己的观察与发现，并清楚地表达自己的观点和想法。 5. 幼儿在种植的过程中体验劳动的辛苦，能够珍惜劳动成果。 6. 幼儿感受收获的喜悦，乐意分享。

主题网络图

- 甜甜西瓜
  - 种植前和种植
    - 健康领域—劳动有趣：种植前准备
    - 科学领域—草木有趣：了解大棚西瓜
    - 健康领域—劳动有趣：种植西瓜秧苗
  - 日常养护和收获
    - 社会领域—人们有趣：搭大棚
    - 科学领域—草木有趣：给秧苗施肥
    - 艺术领域—创意有趣：西瓜写生
    - 艺术领域—创意有趣：长长的藤蔓
    - 语言领域—故事有趣：西瓜的变化
    - 语言邻域—故事有趣：收获西瓜

活动一览		
序号	活动名称	活动形式
1	种植前准备	集体
2	了解大棚西瓜	集体
3	种植西瓜秧苗	集体
4	搭大棚	集体
5	给秧苗施肥	区域
6	西瓜写生	集体
7	长长的藤蔓	集体
8	西瓜的变化	区域
9	收获西瓜	集体
资源利用		
本土资源	大棚基地。	
园所资源	1. 种植区域。	
	2. 种植工具。	
	3. 大棚搭建材料。	
	4. 幼儿园大棚种植地。	
家长资源	协助完成调查表以及前期准备活动。	

环境创设

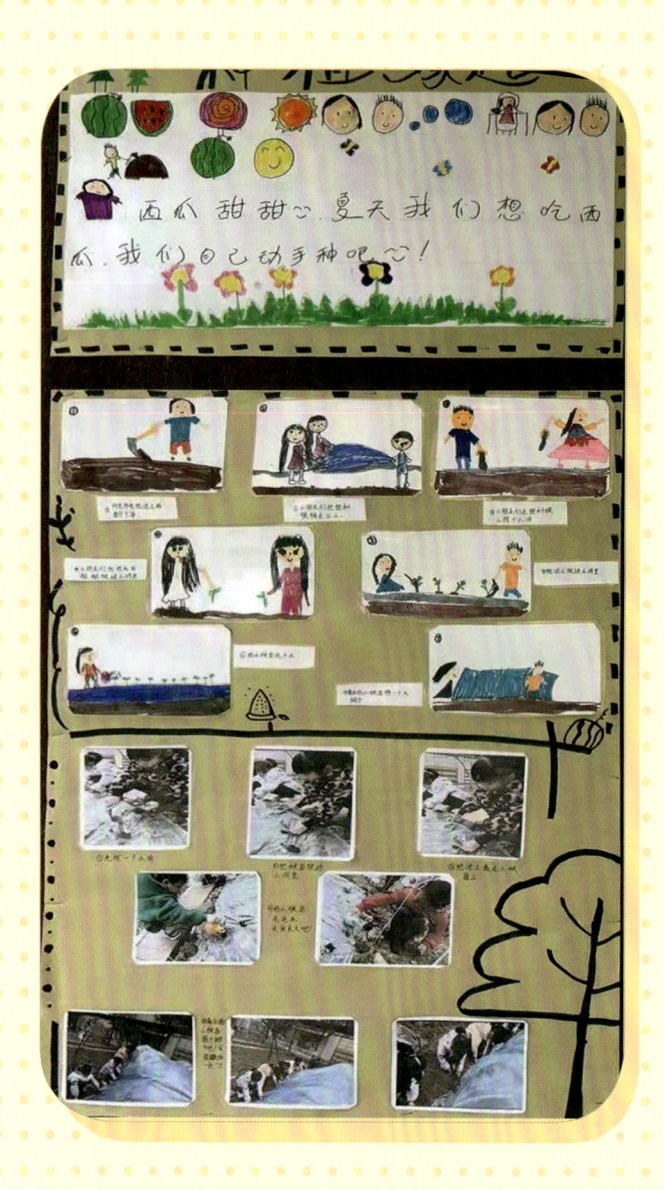

教学活动

活动 1

种植前准备

一、活动目标
1. 幼儿能选择适宜的工具，进行除草、挖土等活动。
2. 幼儿能自主收放工具材料，保持衣物干净。

二、活动准备
1. 垃圾袋。
2. 种植工坊区域内的各种工具。

三、活动过程

（一）实地观察，问题导入

教师 "种植西瓜之前，我们需要对种植地做哪些清理准备呢？"

教师 "在清理过程中，遇到杂草、石块的时候，我们应该怎么做？"

幼儿自由讨论在清除（杂草、石块等）过程中如何选择适宜的工具。

（二）小组合作，进行清理
1. 幼儿自由分组，制订小组清理计划。
2. 幼儿自主选择适宜工具，进行清理活动。

（三）整理与分享
1. 活动结束后，幼儿自主收拾整理工具，并完成手部的清洁。
2. 小组分享：哪种工具适合除草、翻地。

活动 2

了解大棚西瓜

一、活动目标

1. 幼儿初步了解大棚种植，知道大棚对于西瓜种植的好处。
2. 幼儿了解大棚西瓜种植方法。

二、活动准备

1. 大棚西瓜种植的视频。
2. 幼儿园大棚种植地。

三、活动过程

（一）播放大棚搭建视频，引起幼儿的兴趣

教师："今天我们来看一段视频，看看农户们在干什么！"

教师："通过视频，你们知道这个大棚是做什么的吗？"

（二）讨论环节

教师："为什么农户要使用大棚进行西瓜种植？不使用大棚又会如何呢？"

教师："通过大棚种植出来的西瓜，会有什么不一样吗？"

教师："如果你来种植，你会选择使用大棚吗？为什么？"

小结：大棚能够控温控水、防止小动物破坏。

（三）了解大棚西瓜种植方法

1. 观看大棚西瓜种植视频，了解大棚西瓜栽种方法与注意事项。
2. 大棚搭建顺序，引导幼儿了解铺地膜、搭棚对西瓜的益处。

（四）实地观察

教师带领幼儿去种植区域观察其他班级的大棚种植。

活动 3

种植西瓜秧苗

一、活动目标

1. 幼儿学习掌握铺地膜的方法。
2. 在活动中，体验与同伴合作的乐趣。

二、活动准备

1. 西瓜秧苗。
2. 种植区内的材料。
3. 地膜。

三、活动过程

（一）种植前

幼儿自主寻找适宜的工具挖坑，做好活动前安全提醒。

（二）种植中

1. 挖坑完成后，幼儿尝试和同伴进行铺地膜的活动。
2. 铺地膜方法。
（1）教师引导幼儿将地膜铺平。
（2）压实地膜边。
3. 将西瓜苗放入挖好的坑内，注意秧苗之间的距离。

（三）种植后

1. 种植成功后，引导幼儿对西瓜苗进行浇水。
2. 收拾材料，并整理自己的清洁卫生。
3. 记录种植过程并分享种植经验。

活动 4

搭大棚

一、活动目标

1. 幼儿在教师引导下尝试搭建大棚。
2. 幼儿在搭建过程中感受劳动的乐趣。

二、活动准备

1. 玻璃纤维杆若干。
2. 篷布若干。

三、活动过程

（一）谈话导入，经验回顾

教师"前期我们了解到大棚能帮助西瓜更好的生长，那你知道怎么搭大棚吗？"

（二）教师讲解搭大棚的方法

1. 将玻璃纤维杆的两头分别插入土里。
2. 同伴合作将篷布平铺在玻璃纤维杆上。
3. 压实篷布边，防止风吹。

（三）搭建大棚

1. 幼儿两两合作选择工具与材料搭建大棚。
2. 教师观察幼儿的操作情况，根据实际情况进行适时的指导。

（1）插入玻璃纤维杆时小心杆子翘起。

（2）平铺篷布时，小心拉扯，不将篷布扯坏。

（3）注意对秧苗的保护。

（四）分享搭建经验，结束活动

教师带领幼儿分享搭建的经验后，活动结束。

活动 5

给秧苗施肥

一、活动目标

1. 幼儿了解肥料的作用。
2. 在活动中,幼儿能初步掌握施肥的方法及基本步骤。

二、活动准备

肥料、水壶等种植区内的所有材料。

三、活动过程

(一)导入部分

1. 教师引导幼儿观察西瓜藤。

教师 "在中午散步时,有孩子观察到西瓜藤蔓上的叶子有些黄了,你们知道这是为什么吗?"

2. 活动小结:植物在生长过程中,是需要养分的,当养分缺失时,植物就会通过叶子颜色、生长的速度反映出它的状况。

(二)给西瓜藤施肥

1. 幼儿自由组合进行观察,寻找需要施肥的西瓜藤。
2. 同伴合作进行施肥活动。
3. 幼儿施肥,教师观察指导,提醒幼儿小心误食。

(三)幼儿共同制订西瓜养护计划

幼儿与教师一起,制订西瓜的养护计划。

活动 6

西瓜写生

一、活动目标

1. 幼儿尝试以线描的形式表现西瓜藤蔓、叶子的形态结构。
2. 幼儿乐意参与户外写生活动，体验绘画乐趣。

二、活动准备

1. 种植区内的西瓜。
2. 画本。
3. 粗细马克笔。

三、活动过程

（一）谈话引入

教师 "今天，请小朋友们一起到种植区看看，我们的西瓜藤变成什么样子啦。"

（二）实地观察

教师 "你看到的西瓜藤蔓、叶子是什么样子的？有什么特别的地方？"

引导幼儿就西瓜藤蔓、叶子的形态特征进行描述。

（三）写生画

幼儿根据西瓜藤蔓的形态结构和叶子之间的位置关系进行作画，教师适时指导。

（四）作品欣赏与评价

1. 作品展示，师幼共同欣赏。
2. 幼儿讲述自己最喜欢的作品并说明理由。

> 活动 7

长长的藤蔓

一、活动目标

1. 幼儿学习首尾相接的方法测量西瓜藤蔓。
2. 幼儿体验测量活动的乐趣。

二、活动准备

1. 多种测量工具。
2. 笔、种植记录本。
3. 种植区。

三、活动过程

（一）谈话导入

教师："在上次的散步活动中，幼儿观察到西瓜藤很长很长，那西瓜藤蔓具体有多长呢？"

（二）自主测量西瓜藤蔓

1. 幼儿分组选择自己的工具，进行实地测量，教师巡回观察指导。
2. 幼儿分享自己的测量结果及方法。
3. 小组汇总测量结果，梳理测量中发现的问题。

（三）再次尝试测量

1. 教师进行测量示范，引导幼儿观察测量的正确方法。

教师："我们应该从哪里开始测量？测量过程中需要注意些什么？"

小结：测量时要找准起点，每次测量要注意首尾相接。

2. 幼儿使用小组工具，运用首尾相接的方法再次进行测量。

（四）经验分享

教师："第二次测量与第一次测量的结果有什么不同？你们发现了什么？"

小结：运用正确的测量方法能减少测量中的误差。

活动 8

西瓜的变化

一、活动目标
1. 幼儿能清楚、连贯地表达自己在观察中的发现。
2. 幼儿能用图画或符号进行表征。

二、活动准备
1. 种植区。
2. 种植记录本。

三、活动过程
（一）谈话导入

教师："咱们的西瓜跟之前有什么不一样呢？"

（二）实地观察，进行记录

教师："我们可以从哪些方面进行观察呢？"（花朵的形态、果实的大小等）

幼儿分组进行记录，教师巡回指导。

（三）分享交流
1. 小组分享，梳理记录结果。
2. 集中分享，教师提醒幼儿用清楚、连贯的句子进行表述。

活动 9

收获西瓜

一、活动目标
1. 幼儿探讨西瓜的收获方法，能合作收获西瓜。

2. 愿意分享劳动成果，体验成功的喜悦。

二、活动准备

1. 剪刀。

2. 篮子。

3. 安全水果刀。

三、活动过程

（一）谈话导入

教师 "我们的西瓜成熟啦，我们可以用什么方法把西瓜摘下来呢？"

（二）讨论收获西瓜的方法

1. 幼儿讨论收获西瓜的工具及方法。

教师 "你们觉得摘西瓜会用到什么工具呢？"

教师 "如果是你，你会如何摘西瓜呢？"

2. 幼儿分组合作，采摘西瓜。

  采摘小提示：

（1）注意西瓜藤上的绒毛，小心刺伤和刮伤。

（2）西瓜轻拿轻放，避免磕碰。

（三）商议西瓜分配办法，进行分享

幼儿在教师的组织下，交流讨论西瓜分配方法。

（四）活动延伸

1. 回顾西瓜种植过程，感受劳动的不易及收获的喜悦。

2. 保留西瓜籽。

第四节 大班主题活动——建华的鹅朋友

主题说明	活教育指出："大自然大社会都是活教材，幼儿的课程可以用自然、社会为中心，使儿童在真实环境中获得知识。"面对"鹅被偷了"这个意外时，幼儿在亲身实践中参与讨论事情发生的经过、积极提出解决办法，同时开展了装修鹅房、售卖鹅蛋等系列主题活动。
主题目标	1. 幼儿能结合生活经验和实际情况寻找保护鹅的方法，具有一定的安全意识。 2. 幼儿能主动和同伴商量并得到问题的解决办法。 3. 幼儿尝试设计并按照图纸装饰鹅房。 4. 幼儿能根据投票结果进行简单的统计。 5. 幼儿在设定价格和售卖时能初步进行简单的计算。 6. 幼儿能在售卖活动中提升自身的社会交往能力。

主题网络图

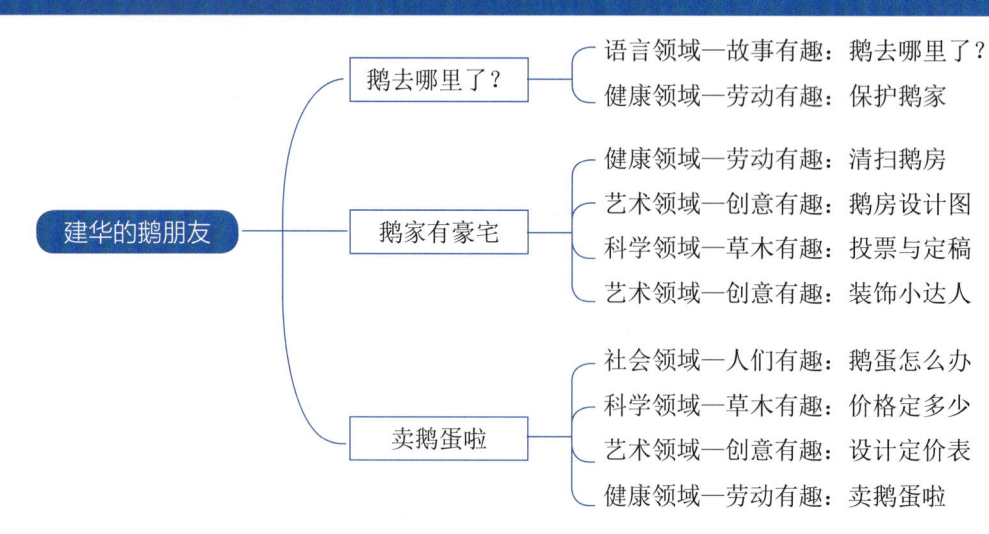

- 建华的鹅朋友
  - 鹅去哪里了？
    - 语言领域—故事有趣：鹅去哪里了？
    - 健康领域—劳动有趣：保护鹅家
  - 鹅家有豪宅
    - 健康领域—劳动有趣：清扫鹅房
    - 艺术领域—创意有趣：鹅房设计图
    - 科学领域—草木有趣：投票与定稿
    - 艺术领域—创意有趣：装饰小达人
  - 卖鹅蛋啦
    - 社会领域—人们有趣：鹅蛋怎么办
    - 科学领域—草木有趣：价格定多少
    - 艺术领域—创意有趣：设计定价表
    - 健康领域—劳动有趣：卖鹅蛋啦

活动一览		
序号	活动名称	活动形式
1	鹅去哪里了	小组
2	保护鹅家	集体
3	清扫鹅房	集体
4	鹅房设计图	集体
5	投票与定稿	集体
6	装饰小达人	区域
7	鹅蛋怎么办	小组
8	设计售卖宣传海报	集体
9	卖鹅蛋啦	小组

资源利用	
园所资源	1. 幼儿园的鹅和鹅房。
	2. 幼儿园的围栏与监控。
家长资源	1. 家长和幼儿一起去超市了解鹅蛋的售卖价格。
	2. 家长志愿者。

环境创设

教学活动

活动1

鹅去哪里了

一、活动目标

1. 幼儿能说出自己对鹅走失的看法及原因。
2. 幼儿能聆听别人的讲述并积极回应。

二、活动准备

1. 鹅房。
2. 画纸。
3. 画笔。

三、活动过程

（一）观察鹅房，吸引幼儿兴趣

教师带领幼儿观察鹅房，发现鹅不见了。

教师 "我们的鹅怎么会不见了呢？"

（二）幼儿思考鹅不见的原因

1. 幼儿猜想鹅为什么不见了。
2. 幼儿分组讨论鹅不见的原因。

（三）分享记录

1. 幼儿以绘画的形式将鹅不见的原因表现出来。
2. 幼儿根据自己的绘画说说鹅不见的原因，引导其他幼儿认真倾听并积极回应。
3. 活动小结：汇总原因，发现鹅不见的原因最可能是被偷了。

活动 2

保护鹅家

一、活动目标
1. 幼儿能积极思考并根据实际情况找到保护鹅的方法。
2. 幼儿能在保护鹅的过程中获得自豪感。

二、活动准备
1. 鹅房。
2. 鹅。

三、活动过程
（一）观察鹅房，了解安全隐患点
1. 教师引导幼儿观察鹅房，发现存在的安全隐患点。

教师 "鹅房有哪些危险的因素呢？"

2. 幼儿根据实际情况进行交流，说出自己的想法。

（二）保护鹅房大作战
1. 根据分析的危险因素，师幼共同制定相应的保护方法。

教师 "那我们应该怎么做，才能让鹅不被偷呢？"

2. 幼儿交流保护鹅的方法。
汇总幼儿讨论结果：安装监控、安装围栏、每天进行检查。
3. 实地观察围栏应该围多高，监控应该装在什么地方。

（三）分组讨论设计
1. 幼儿自由分成两组。
（1）A 组：设计围栏高度。

（2）B组：选择监控的安装位置。

2. 小组分享，选择最好的方案实施。

(四) 活动延伸

幼儿根据方案向园长妈妈提出安装围栏、监控的申请。

活动 3

清扫鹅房

一、活动目标

1. 幼儿能正确使用各种清扫工具。
2. 幼儿能和同伴分工合作清扫鹅房。
3. 幼儿能在清扫过程中感受劳动的喜悦。

二、活动准备

1. 物质准备：扫把、簸箕、鹅房、盆、铁铲、手帕、围腰、手套、水带。
2. 经验准备：幼儿前期有打扫的经验。

三、活动过程

(一) 清扫前的准备

1. 幼儿自主选择清扫工具。
2. 教师讲解清扫鹅房的方法和安全注意事项。
3. 幼儿互相帮忙带上围腰和手套，做清扫前的准备工作。

(二) 清扫鹅房

教师 "你们使用过这些工具吗？是怎么使用的？"

1. 教师请个别幼儿示范（铁铲、水带等）清扫工具的使用方法。
2. 幼儿自主商量，拿好清理工具，分工合作进行清扫鹅房工作。
3. 幼儿进行清扫鹅房，教师观察帮助个别幼儿。
4. 教师关注幼儿在清扫时的安全问题，确保幼儿的安全行为。

（三）鹅房大换新
1. 清扫完鹅房后，幼儿欣赏自己的劳动成果。
2. 幼儿分享自己的劳动感受。
3. 结束活动，幼儿将自己的清扫过程记录在养殖记录本上。

活动 4

鹅房设计图

一、活动目标

1. 幼儿能利用不同线条、色彩绘制设计图。
2. 幼儿大胆进行艺术表现与创造，体验创作的乐趣。

二、活动准备

1. 物质准备：水彩笔、画纸、油画棒、马克笔、各种房屋设计图。
2. 经验准备：幼儿对于鹅房形状有前期的了解。

三、活动过程

（一）欣赏房屋设计图

教师 "小朋友们，鹅有了更安全的家。但是，它的房子光秃秃的，需要你们想想办法，将鹅的房子变得更加漂亮。"

1. 幼儿欣赏各种类型的房子装饰图，启发自己的装饰灵感。
2. 幼儿交流自己的设计想法。

教师 "你们想设计什么样的鹅房呢？"

（二）绘制设计图

1. 幼儿按照自己的想法绘制鹅房设计图，教师巡回指导。
2. 教师注意引导幼儿绘画时保持桌面和衣物的干净。

（三）分享设计图

1. 幼儿展示、分享自己的作品。
2. 收集幼儿的设计图，为投票活动做准备。

活动 5

投票与定稿

一、活动目标

1. 幼儿掌握举手表决的投票方法并进行准确统计。
2. 幼儿在统计活动中感受数学的有用和有趣。

二、活动准备

鹅房设计图。

三、活动过程

（一）展示鹅房设计图

1. 教师出示上次幼儿绘制的鹅房设计图，请幼儿再次展示，帮助幼儿回忆上次活动。
2. 幼儿分享设计意图。

（二）投票

1. 讲解投票的方式和规则。

教师 "每个小朋友的设计图都非常漂亮，但是鹅房只有一个，需要你们选择最喜欢的设计图进行投票。"

教师 "每个小朋友只有一次投票的机会，选择你喜欢的设计图举手投票，最后统计票数最多的设计图就是鹅房的设计方案。"

2. 幼儿进行投票，选择自己最喜欢的设计图。
3. 幼儿投票后，师幼共同进行唱票统计，确定设计方案。

（三）活动延伸

收集需要的材料，为装饰鹅房做准备。

活动 6

装饰小达人

一、活动目标

1. 幼儿能够按照设计图装饰鹅房。
2. 幼儿体验与同伴共同创作的喜悦。

二、活动准备

1. 各色颜料、排笔。
2. 围裙、手套。
3. 鹅房图片。

三、活动过程

（一）图片导入

出示投票选出的鹅房设计图和鹅房图片，幼儿对比相同点和不同点。

（二）幼儿绘画

1. 幼儿和同伴商量如何分工绘制鹅房，准备绘画。
2. 幼儿绘画墙面，教师巡回指导。

指导重点：

（1）根据实际情况，按照设计图来进行绘画。

（2）幼儿绘画墙面时注意构图的大小。

（三）结束活动

1. 幼儿结束绘画，教师请幼儿和自己的作品合照留念。
2. 教师引导幼儿收拾整理工具和材料，洗净双手。
3. 幼儿分享绘画过程中的趣事。

活动 7

鹅蛋怎么办

一、活动目标

1. 幼儿能结合生活经验，能大胆讲述自己的想法。
2. 幼儿愿意和同伴协商并达成一致意见。

二、活动准备

1. 鹅蛋。
2. 照片。

三、活动过程

（一）捡鹅蛋啦

1. 教师带领幼儿到鹅房。

教师 "小朋友们，经过你们的精心照顾，鹅也给你们送来了礼物，我们一起去看看吧！"

2. 幼儿捡鹅蛋，教师提醒幼儿轻拿轻放。

（二）鹅蛋怎么办

1. 幼儿分组协商。

教师 "我们收获了这么多鹅蛋，可以用来做什么呢？"

2. 分组协商后，每组选1名代表，说明本组的想法，全体幼儿投票选出可行的想法。
3. 引导幼儿得出结论，确定鹅蛋可以义卖，所得的钱可以帮助鹅和鹅房进行后续维护。

（三）活动结束

幼儿在区角时间思考售卖鹅蛋的计划。

活动 8

设计售卖宣传海报

一、活动目标

1. 幼儿能根据生活经验确定适宜的价格。

2. 幼儿能和同伴商量合作设计售卖宣传海报。

二、活动准备

1. 物质准备：白色卡纸、黑色马克笔、彩笔、画架。
2. 经验准备：家长带领幼儿到市场了解鹅蛋的定价。

三、活动过程

（一）教师播放幼儿去市场查询价格的图片

教师 "小朋友们，你们去市场了解到鹅蛋的价格都是多少呢？"

（二）价格定多少

1. 幼儿讨论交流，决定鹅蛋的售卖价格，并说明理由。
2. 教师选择几个比较适宜的价格，幼儿进行投票。
3. 投票结束，确定鹅蛋售卖价格。

（三）设计定价表

1. 幼儿欣赏各种售卖宣传海报。
2. 幼儿思考售卖鹅蛋的宣传海报包括哪些内容。

教师 "小朋友们，我们看了很多不同的售卖海报。我们要卖鹅蛋，你们觉得售卖海报上需要有哪些内容呢？"

3. 幼儿分享交流，确定售卖宣传海报上的内容。

（四）设计售卖宣传海报

幼儿根据商量出来的内容分工，合作进行绘画、剪贴、装饰，教师进行指导。

（五）售卖海报做好啦

幼儿将售卖宣传海报粘贴在画板上，准备售卖鹅蛋。

活动 9

卖鹅蛋啦

一、活动目标

1. 幼儿能在活动中认真完成自己的任务，有任务意识。
2. 幼儿在售卖过程中体验合作成功带来的喜悦。

二、活动准备

1. 物质准备：鹅蛋、桌子、售卖宣传海报、竹筐、零钱。
2. 家长志愿者。

三、活动过程

（一）摆摊准备

1. 活动前教师讲解摆摊卖鹅蛋的安全要点和注意事项。
2. 幼儿交流自己在买东西时的做法。

教师 "你们在买东西的时候，售货员是怎么做的呢？那我们卖鹅蛋时要说什么呢？"

教师 "在客人买完东西后，我们又应该做什么呢？"

3. 教师带领幼儿布置摊位。

（二）摆摊卖蛋

1. 幼儿分工合作售卖鹅蛋，家长协助维护售卖秩序。
2. 卖鹅蛋时，教师协助幼儿进行正确结算。

（三）鹅蛋挣多少

1. 结束售卖，幼儿收拾整理材料。
2. 教师和幼儿共同清算收入并进行记录。

（四）活动延伸

幼儿将自己售卖鹅蛋之旅在游戏本上进行记录并分享。

第四章

稚趣课程之趣味食艺活动

如果问幼儿最感兴趣的事情，那么回答一定是品尝美食！

在建华幼儿园，幼儿喜欢的不仅仅是品尝美食，还有自己亲手制作美食！在建华幼儿园的食艺工坊，馒头可以是幼儿自己捏出的任何形状，饼干可以是幼儿自己奇思妙想的任何味道，就连街边小吃"洋芋花"都能让幼儿调配出无数种口味，更别提大邑特产"豆腐乳"、端午的"咸鸭蛋"、入秋的"金桔蜜""桂花汤圆"，那更是信手拈来。品尝自己制作的美食，分享自己制作的美食，是建华幼儿园的幼儿经常体验的幸福时刻！

趣味食艺工坊是严格参照幼儿食品管理规范特别打造的室内劳作工坊，幼儿的趣味食艺活动是结合生活中的节日节气和班级主题而开展的美食制作体验活动。活动与幼儿园种植工坊的自然资源有机融合，让活动素材取之于幼儿生活，服务于幼儿生活。

第一节　小班主题活动——我和娃娃菜有场约会

主题说明	在万物复苏的春天，隔壁班的小朋友将自己做好的泥塑春卷摆在了教室外的展台上，班上幼儿每次路过都会流露出羡慕的表情："老师，我们也想裹娃娃菜。"《指南》中指出："幼儿的学习是以直接经验为基础，要创设丰富的教育环境，最大限度地支持和满足幼儿通过直接感知、实际操作和亲身体验获得经验的需要。"同时，我国著名教育家陈鹤琴先生说过："大自然，大社会都是活教材。"因此，从幼儿的兴趣出发，我们展开了一场娃娃菜的探索之旅。
主题目标	1. 幼儿了解娃娃菜的特征并能用自己的话进行介绍。 2. 幼儿尝试利用娃娃菜进行简单的科学实验，感受动手操作的乐趣。 3. 幼儿能用简短的话在同伴面前表达自己的想法。 4. 幼儿能利用娃娃菜进行拓印活动。 5. 幼儿初步了解食物的基础烹饪方法，知道哪种方法有益于身体健康。 6. 幼儿能通过剥、洗、裹等动作完成裹娃娃菜美食。

主题网络图

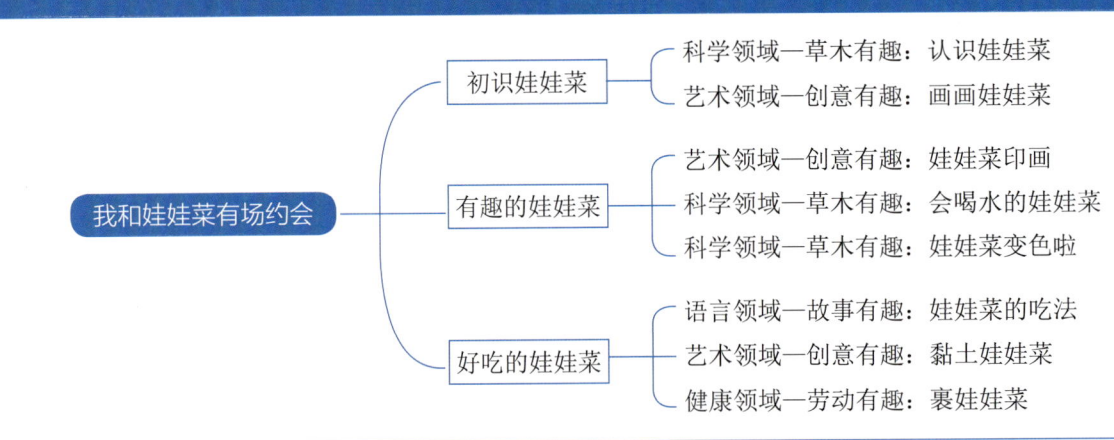

我和娃娃菜有场约会
- 初识娃娃菜
  - 科学领域—草木有趣：认识娃娃菜
  - 艺术领域—创意有趣：画画娃娃菜
- 有趣的娃娃菜
  - 艺术领域—创意有趣：娃娃菜印画
  - 科学领域—草木有趣：会喝水的娃娃菜
  - 科学领域—草木有趣：娃娃菜变色啦
- 好吃的娃娃菜
  - 语言领域—故事有趣：娃娃菜的吃法
  - 艺术领域—创意有趣：黏土娃娃菜
  - 健康领域—劳动有趣：裹娃娃菜

活动一览		
序号	活动名称	活动形式
1	认识娃娃菜	集体
2	画画娃娃菜	小组
3	娃娃菜印画	小组
4	会喝水的娃娃菜	区域
5	娃娃菜变色啦	集体
6	娃娃菜的吃法	小组
7	黏土娃娃菜	集体
8	裹娃娃菜	集体
资源利用		
本土资源	菜市场、超市。	
园所资源	食艺工坊。	
家长资源	和幼儿一起完成娃娃菜相关调查。	

环境创设

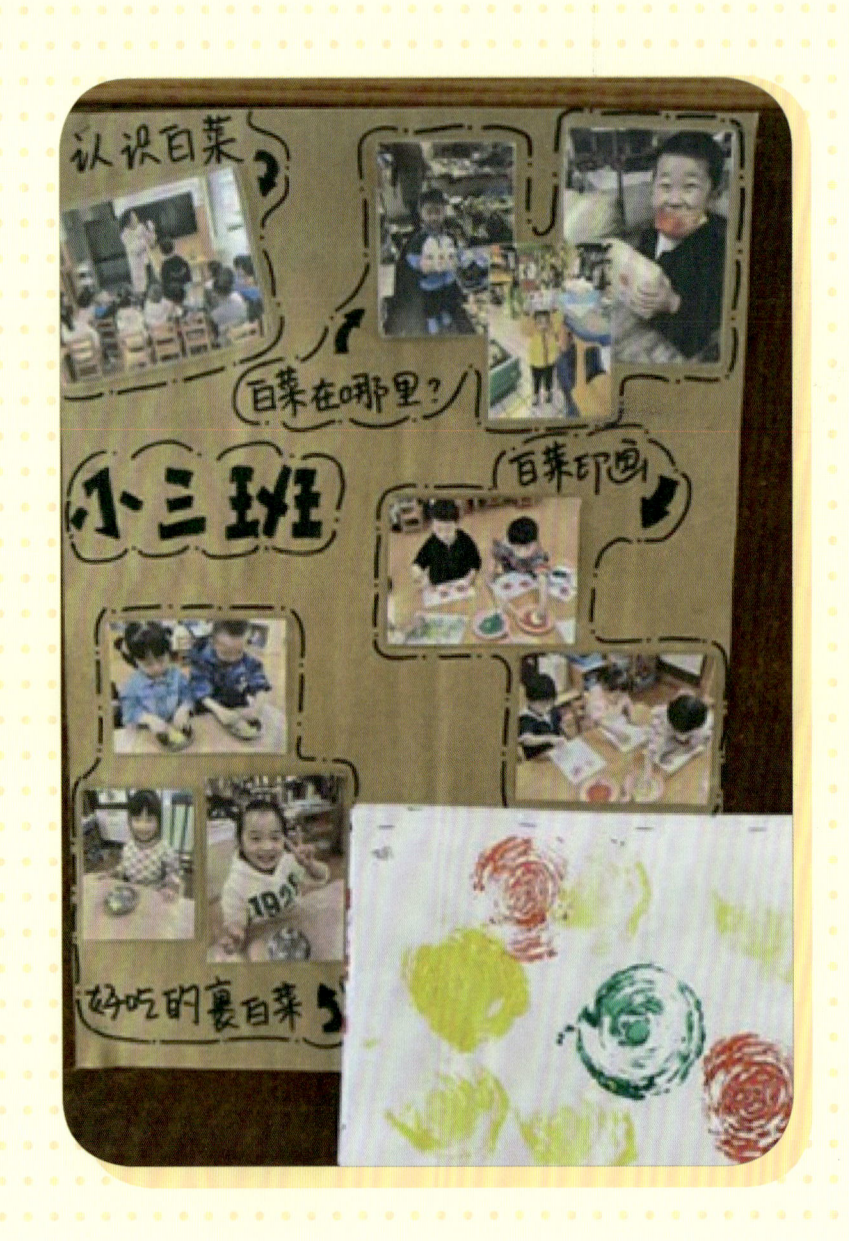

教学活动

活动 1

认识娃娃菜

一、活动目标

1. 幼儿了解娃娃菜是白菜的一种，认识它的特征。
2. 幼儿能在同伴面前愿意讲述自己的发现。

二、活动准备

1. 各种白菜图片。
2. 娃娃菜实物。

三、活动过程

（一）幼儿观察不同种类的白菜

1. 幼儿说一说自己认识的白菜。

教师 "你们见过哪些白菜？它们是什么样子的？"

2. 出示不同种类的白菜图片（大白菜、娃娃菜、莲花白），幼儿进行观察比较。

教师 "它们都是白菜宝宝，有什么不一样呢？"

3. 幼儿通过比较，感知不同白菜的不同特征，并愿意和同伴分享。
4. 活动小结：从白菜的大小、形状、颜色进行比较。

（二）重点了解娃娃菜的内部特征

1. 幼儿猜测娃娃菜里面的样子。

教师 "如果我们把娃娃菜切开，猜一猜里面会是什么样子的呢？"

2. 教师切开，幼儿进行观察。

教师 "现在看看，娃娃菜里面到底长什么样？"

3. 活动小结：娃娃菜里面是一层一层包起来的，叶子有大有小。

（三）幼儿学习《娃娃菜》儿歌

娃娃菜，我最爱。头发黄，身体白。一层一层剥下来，能烧汤来能做菜。

活动 2

画画娃娃菜

一、活动目标

1. 幼儿能用波浪线画出娃娃菜的叶子。
2. 幼儿选择自己喜欢的颜色进行涂色。

二、活动准备

1. 彩笔。
2. 白纸。
3. 娃娃菜实物。

三、活动过程

（一）娃娃菜来做客

教师 "今天有一位菜'妈妈'来做客，请你猜猜它是谁？"

1. 出示娃娃菜实物，请幼儿观察娃娃菜的叶子。
2. 引导幼儿讲清楚叶边是直线还是波浪线，它

是什么颜色的。

(二) 画娃娃菜

1. 幼儿讨论画娃娃菜的顺序。

教师 "我们可以先画娃娃菜的哪里？再画哪里呢？"

2. 教师总结。

先将娃娃菜的茎画出来。

再用波浪线画叶边。

3. 幼儿作画，老师巡回指导，注意纠正幼儿的握笔姿势。

(三) 画好的娃娃菜

幼儿展示、分享自己的作品。

活动 3

娃娃菜印画

一、活动目标

1. 幼儿尝试用娃娃菜进行拓印。
2. 幼儿感知拓印带来的色彩美。

二、活动准备

1. 娃娃菜。
2. 白纸。
3. 颜料。

三、活动过程

（一）出示娃娃菜拓印画，幼儿欣赏

教师 "娃娃菜宝宝今天带来了一个小魔术，它能把自己变成小花、小动物，你们想看吗？"

教师 "猜一猜，它是怎么变魔术的？"

（二）拓印画创作

1. 教师展示娃娃菜拓印画的方法：将颜料涂在娃娃菜头上，然后把娃娃菜印在白纸上，用力按压。
2. 幼儿操作，教师根据实际情况进行指导。

（三）分享交流

幼儿说一说自己的作品内容。

（四）延伸活动

将作品投放到美工区，进行添画活动。

活动 4

会喝水的娃娃菜

一、活动目标

幼儿愿意动手操作，体验操作活动中带来的乐趣。

二、活动准备

1. 娃娃菜叶。
2. 水杯。
3. 清水。
4. 颜料。

三、活动过程

（一）教师出示实验材料，幼儿猜猜用来做什么的

教师对实验材料进行展示，让幼儿了解材料的用途。

（二）实验操作

1. 教师展示娃娃菜喝水的实验步骤。

出示娃娃菜叶和水杯。

往杯中倒入一些清水，分别滴入不同颜色的颜料。

搅拌颜料，让颜料完全融入清水中。

将娃娃菜叶下端放入彩色液体当中。

2. 幼儿自选材料进行操作，教师观察指导。

（三）幼儿收拾好实验材料

教师组织幼儿将实验材料收拾整齐。

（四）日常观察

教师启发幼儿做好日常观察。

活动 5

娃娃菜变色啦

一、活动目标

1. 幼儿通过观察发现娃娃菜变色的现象，并用简单的语言讲述。
2. 幼儿初步了解"毛细现象"。

二、活动准备

1. 图片。
2. 变色的娃娃菜。

三、活动过程

（一）幼儿通过观察实验的结果，感知娃娃菜的变化

1. 教师和幼儿共同回忆实验过程。

教师 "上次娃娃菜喝水的实验是怎么做的呢？"

2. 幼儿说一说现在娃娃菜的变化。
3. 教师和幼儿共同探讨娃娃菜怎么变色了，鼓励幼儿大胆说出自己的猜想。

（二）探寻娃娃菜变色的秘密

1. 教师出示娃娃菜叶的放大图片。

教师 "你们看到了什么？"

教师小结：叶子中有很多细细长长的线，像"吸管"一样。

2. 幼儿讨论，尝试说说自己的想法。

教师 "猜一猜这些'吸管'有什么用？"

3. 教师解密：娃娃菜里的"吸管"可以吸收水分，所以娃娃菜会变色。

（三）活动延伸

请幼儿回家和父母一起进行蔬菜变色小实验。

活动 6

娃娃菜的吃法

一、活动目标

1. 幼儿知道食物的健康烹饪方法。
2. 幼儿讨论娃娃菜的不同吃法，并能大胆说出自己的想法。

二、活动准备

1. 不同烹饪方式的菜品图片。

2. 调查表。

三、活动过程

（一）通过提问，了解不同的烹饪方式

1. 教师提问，幼儿讨论。

教师 "你们吃的蔬菜是怎么制作的？"

2. 教师出示 3 种不同烹饪方式的菜品图片。
3. 引导幼儿讨论：水煮、油炸、爆炒 3 种方法，哪种更健康？为什么？
4. 活动小结：油炸的东西容易咳嗽，爆炒的食物容易上火，水煮和清蒸的食物吃着清淡不上火。

（二）展示娃娃菜美食

1. 教师展示娃娃菜不同做法的图片，幼儿观察。

教师 "你最喜欢哪种吃法？"

2. 幼儿分组讨论自己喜欢哪种吃法，并大胆地说出自己的见解。

（三）延伸活动

教师发放调查表，请幼儿和爸爸妈妈一起调查，自己最想做的娃娃菜美食。

（娃娃菜可以怎么吃？）

活动 7

黏土娃娃菜

一、活动目标

1. 幼儿能使用"裹""搓"等技能制作黏土娃娃菜。
2. 幼儿愿意说出制作黏土娃娃菜的过程。

二、活动准备

1. 黏土。
2. 裹好的娃娃菜图片。

三、活动过程

（一）儿歌导入

1. 教师和幼儿共同念《裹白菜》儿歌边做动作，熟悉裹白菜中重要的一个动作：裹。
2. 教师出示裹好的娃娃菜图片。

教师 "你们知道它是怎么做的吗？"

（二）教师展示，幼儿操作

1. 教师示范：将黏土搓圆，压成片状，沿着一个方向包起来。
2. 重点示范"裹"：沿着一个方向包起来。
3. 幼儿自由练习娃娃菜的裹法，老师进行个别指导。

（三）作品展示欣赏

附儿歌

裹白菜

剥，剥，剥白菜；剥完白菜洗白菜。　　洗，洗，洗白菜；洗完白菜蒸白菜。
蒸，蒸，蒸白菜；蒸完白菜裹白菜。　　裹，裹，裹白菜；裹完白菜吃白菜。

活动 8

裹娃娃菜

一、活动目标

1. 幼儿根据前期经验完成裹娃娃菜美食。
2. 幼儿感受裹娃娃菜的乐趣，愿意与他人分享美食。

二、活动准备

1. 娃娃菜。
2. 各种调料。
3. 食艺工坊。

三、活动过程

（一）幼儿回忆裹娃娃菜的操作流程

教师组织幼儿回忆裹娃娃菜的过程。

（二）幼儿操作裹娃娃菜

1. 教师提前告知幼儿在食艺工坊中需要注意的安全事项：

不触碰电器插座。

在制作前要洗干净手，注意食品卫生安全。

不靠近盛有热水的蒸锅。

2. 幼儿进行小组分工：哪些小朋友负责剥娃娃菜，哪些小朋友负责洗娃娃菜。

3. 进行裹娃娃菜活动。

（1）老师将娃娃菜煮好放入盘内，提醒幼儿小心被烫，

并分组来取娃娃菜。

（2）幼儿开始进行裹娃娃菜，教师观察指导。

（三）品尝分享

1. 幼儿品尝娃娃菜。

2. 幼儿将娃娃菜美食分享给他人。

（四）延伸活动

幼儿和家长可利用周末时间，尝试制作娃娃菜不同的美食。

第二节 中班主题活动——哇，恐龙饼干

主题说明	在"你在哪里见过恐龙"活动中，辰辰说："我在超市见过，我还吃过！"很多小朋友都表现出了好奇，询问道："好吃吗？""是什么东西？"辰辰接着说："是恐龙饼干，好好吃！"《指南》指出"成人要善于发现和保护幼儿的好奇心，充分利用自然和实际生活机会。""支持和鼓励幼儿在探究的过程中积极动手动脑寻找答案或解决问题。"我们便开展了"哇，恐龙饼干！"的主题活动。
主题目标	1. 幼儿学习擀面皮的方法。 2. 幼儿了解彩色饼干的制作方法。 3. 幼儿能利用模具制作饼干并进行装饰。 4. 幼儿尝试解决一些突发问题。 5. 幼儿使用图画、符号、文字等多种形式进行创意表达。 6. 幼儿学习用简单语句概括事物特征。 7. 幼儿能用点数的方法对统计结果进行汇总。

主题网络图

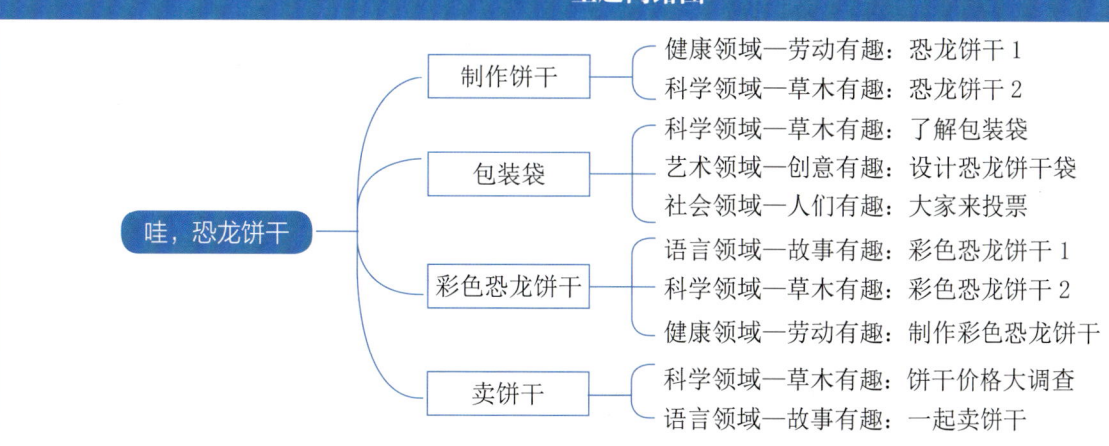

哇，恐龙饼干
- 制作饼干
  - 健康领域—劳动有趣：恐龙饼干1
  - 科学领域—草木有趣：恐龙饼干2
- 包装袋
  - 科学领域—草木有趣：了解包装袋
  - 艺术领域—创意有趣：设计恐龙饼干袋
  - 社会领域—人们有趣：大家来投票
- 彩色恐龙饼干
  - 语言领域—故事有趣：彩色恐龙饼干1
  - 科学领域—草木有趣：彩色恐龙饼干2
  - 健康领域—劳动有趣：制作彩色恐龙饼干
- 卖饼干
  - 科学领域—草木有趣：饼干价格大调查
  - 语言领域—故事有趣：一起卖饼干

活动一览		
序号	活动名称	活动形式
1	恐龙饼干 1	亲子
2	恐龙饼干 2	集体
3	了解饼干袋	集体
4	设计恐龙饼干袋	集体
5	大家来投票	小组
6	彩色恐龙饼干 1	集体
7	彩色恐龙饼干 2	小组
8	制作彩色恐龙饼干	亲子
9	饼干价格大调查	集体
10	一起卖饼干	小组

资源利用	
园所资源	1. 食艺工坊提供场地，以及电磁炉、蒸锅等电器。
	2. 食材的把关及购买。
家长资源	1. 家长提供做饼干的技术支持和志愿服务。
	2. 家委会负责定制幼儿设计的饼干袋。
	3. 家长代表在售卖饼干时进行现场秩序的维护及幼儿安全引导。

稚趣课程之趣味食艺活动

环境创设

教学活动

活动 1

恐龙饼干 1

一、活动目标

1. 幼儿学习利用擀面杖将面皮擀薄。
2. 幼儿能利用模具制作恐龙饼干。
3. 幼儿体验制作饼干的乐趣。

二、活动准备

1. 经验准备：学习了饼干制作的相关方法，认识制作工具及材料。
2. 材料准备：白糖 200 克、黄油 400 克、低筋面粉 800 克、鸡蛋 4 个。
3. 电器：烤箱、打蛋器。
4. 其他器皿：恐龙饼干模具、硅胶刷、硅胶垫、擀面杖。
5. 儿童口罩、手套、围裙。
6. 家长志愿者。
7. 人员安排。

（1）活动时幼儿分为三组，每一组由一位家长及一位老师带领幼儿制作。剩下一名家长作为机动人员参与到活动中来。

（2）活动后教师及家长引导幼儿收拾场地。

三、活动过程

（一）谈话导入

教师 "之前了解到饼干的制作方法及材料，今天我们要去食艺工坊自己制作恐龙饼干。"

（二）初次制作恐龙饼干

1. 教师再次出示材料及工具。

教师 "你们还认识这些工具和材料吗？它们有什么样的用途？"

2. 教师示范，引导幼儿学习制作恐龙饼干的方法。

教师 "利用擀面杖来回将面团擀薄，再用模具进行按压，成型后再进行装饰。"

3. 幼儿学习擀面皮的技巧。

4. 操作活动。

（1）幼儿制作恐龙饼干。

（2）家长负责烘烤。

（3）主班教师带领幼儿进行活动的回顾。

教师 "今天制作了什么恐龙饼干？制作过程中遇到了什么问题？"

5. 品尝分享饼干。

活动 2

恐龙饼干 2

一、活动目标

1. 幼儿通过交流，找到自己在制作饼干中出现的问题，尝试进行改良。
2. 让幼儿尝试通过绘画的方式，表现制作方法的改进过程。

二、活动准备

1. 幼儿制作饼干的视频及图片。
2. 笔、纸。

三、活动过程

（一）反思制作饼干活动中存在的问题

1. 视频导入：幼儿观看自己在活动中的制作恐龙饼干的视频。

教师 "在制作饼干过程中发现了什么问题？"

2. 层层递进，引导幼儿说说如何改进制作方法。

教师 "刚才小朋友们都说了一些关于制作恐龙饼干中存在的问题，在下次制作时我们该如何进行改进呢？"

（二）绘画表征

教师 "将自己的改进方法画下来，以便后期制作时观察。"

1. 幼儿选择材料进行绘画。
2. 教师重点引导幼儿说说自己的改进方法。

（三）活动分享

绘画后，幼儿相互欣赏，说说自己在哪些地方进行了改进，如何改进的。

（四）改进方法并整理成册

教师协助幼儿将绘画作品整理成册，投放到食艺工坊。

活动 3

了解包装袋

一、活动目标

1. 幼儿知道包装袋的作用。
2. 幼儿了解包装袋与饼干之间的对应关系。

二、活动准备

1. 前期经验：幼儿了解各种饼干袋的设计样式。
2. 各种包装袋的图片。

三、活动过程

（一）谈话导入

教师 "上次分享饼干时，发现饼干没有袋子，不太卫生，大家都想为恐龙饼干加上一个包装袋。那你们知道装饼干的袋子是什么样的吗？"

（二）了解各类包装袋的作用

1. 包装袋有什么样的作用？

教师 "在生活中，我们的饼干都有一个包装袋，包装袋有什么样的作用呢？"

2. 教师小结：安全卫生、便于携带保存、吸引顾客。

（三）了解不同的包装袋

1. 教师出示饼干包装袋，了解口味与包装袋颜色的关系。

教师 "这是××饼干的包装袋。"

教师 "包装袋上有什么？是什么颜色？什么口味？为什么这样设计呢？"

2. 教师出示不同图案的饼干包装袋，了解饼干形状与包装袋图案的关系。

教师 "包装袋上有什么图案？和饼干的形状一样吗？"

3.教师小结：根据饼干的形状、口味、颜色等来进行设计。

（三）活动延伸

在后期的制作活动中，进行包装袋的设计。

活动 4

设计恐龙饼干袋

一、活动目标

1.幼儿尝试根据饼干特点来设计恐龙饼干袋。
2.幼儿能基本完整地讲述自己的想法。

二、活动准备

1.经验准备：知道饼干袋与饼干之间的对应关系。
2.物质准备：马克笔、水彩笔、纸。

三、活动过程

（一）观察各种饼干袋，引发幼儿回忆

1.教师再次出示饼干袋。

教师 "上次观察了很多饼干袋的设计图，知道饼干袋的重要性，今天我们就来为饼干设计一款好看的包装袋。"

（二）幼儿设计饼干袋

1.说说自己想设计一个什么样的饼干袋？

🟡 **教师** "可以从颜色、形状、口味、样式等进行设计。"

2. 幼儿自由创作。

（三）交流分享

🟡 **教师** "你设计的饼干袋是什么样的？为什么这样设计？"

🟡 **教师** "你最喜欢谁设计的饼干袋？"

（四）活动延伸

投票选择自己喜欢的饼干袋。

活动 5

大家来投票

一、活动目标

1. 幼儿能用较完整的话介绍自己的饼干袋。
2. 幼儿共同合作尝试将结果进行汇总。
3. 幼儿愿意参与投票活动。

二、活动准备

1. 经验准备：幼儿在班级投票活动中已经选择出 8 个饼干袋图样。
2. 物质准备：饼干袋投票表及汇总表。

我喜欢的恐龙饼干袋调查表

三、活动过程

（一）出示饼干袋图样，引发幼儿回忆

教师　"上次通过班级投票选出了8个图样，今天我们请全园的小朋友和老师们一起参与投票，选出最适合的饼干袋图样。"

（二）如何表达

1. 逐步引导幼儿运用礼貌用语，尝试用完整的话介绍今天的活动。

教师　"请别人投票时，你如何介绍呢？"

2. 教师小结：××你好，我是××班级的小朋友，来做什么，每个小朋友可以投几票，用什么方式来投票。

（三）投票活动

1. 幼儿自由选择老师或者小朋友进行投票。

2. 教师注意幼儿在投票活动中的安全。

3. 汇总。

（1）引导幼儿将投票结果进行汇总。

（2）将汇总结果进行公示。

（四）延伸活动

得票最高的4个饼干包装袋图样，由家委会联系网上厂家完成制作。。

> 活动 6

彩色恐龙饼干 1

一、活动目标

1. 幼儿说说生活中哪些食材可以制作彩色饼干。
2. 幼儿学习彩色饼干的制作方法。

二、活动准备

制作彩色饼干的视频。

三、活动过程

（一）导入部分

教师 "上次在制作饼干时，有小朋友想制作一些彩色的饼干，你们知道彩色饼干是怎么制作成的吗？"

（二）彩色饼干的由来

1. 幼儿观看彩色饼干的视频。
2. 幼儿讨论彩色饼干是怎么制作的。
3. 教师小结：
（1）将选择好的蔬菜水果榨汁，揉进面团。
（2）将面团擀薄。
（3）选择模具进行制作。

（三）适合制作彩色饼干的果蔬

教师 "我们生活中，有哪些适合制作彩色饼干的蔬菜、水果？"
教师 "它们能制作出什么颜色的饼干？"
幼儿猜想并进行表述。

（四）活动延伸

投票选择自己喜欢的蔬菜、水果制作彩色恐龙饼干。

活动 7

彩色恐龙饼干 2

一、活动目标

1. 幼儿学习用点数的方法对统计结果进行汇总。
2. 幼儿能说出自己的选择理由。

二、活动准备

1. 经验准备：幼儿有汇总的相关经验。
2. 物质准备：恐龙饼干味道调查表及汇总表。

三、活动过程

（一）出示第一次制作的饼干图片

教师："上次我们制作的饼干是什么颜色的呢？"

教师："你见过其他颜色的饼干吗？它是什么颜色的？"

（二）不同口味的恐龙饼干

教师："现在你想制作什么口味、什么颜色的恐龙饼干呢？为什么？"

教师："小朋友的想法都不一样，那怎么办呢？"

师幼共同小结：利用投票的方式选出制作彩色恐龙饼干的食材。

（三）投票汇总

1. 幼儿运用自己的方式进行投票记录。
2. 尝试分小组汇总。

恐龙饼干新口味汇总表

（1）幼儿分小组汇总。

（2）分小组说说自己本组得票情况。

重点引导：××蔬菜几个小朋友喜欢，××水果几个小朋友喜欢。

（四）活动延伸

根据小组的汇总结果进行下次彩色恐龙饼干制作。

活动 8

制作彩色恐龙饼干

一、活动目标

1. 幼儿尝试利用擀面杖将面皮擀到硬币厚度。
2. 幼儿能利用模具制作完整的彩色恐龙饼干。

二、活动准备

1. 经验准备：幼儿已有制作饼干的前期经验。
2. 食材准备：白糖 200 克、低筋面粉 1000 克、鸡蛋 6 个、火龙果 1 个、杧果 2 个、香蕉 4 个。
3. 电器：烤箱、打蛋器。
4. 其他材料：恐龙饼干模具、硅胶刷、饼干袋、硅胶垫、擀面杖、消毒后的硬币 10 个、儿童口罩、手套、围裙。

三、活动过程

（一）回忆制作饼干流程

教师 "在前期活动中，小朋友们了解到关于制作彩色饼干的方法，现在请小朋友回忆一下制作饼干的流程有哪些？"

（二）制作彩色恐龙饼干

1. 教师出示前期幼儿制作的擀面皮改进方法图。
2. 擀面皮注意事项：利用硬币做比较，将面皮擀到与硬币大致相同的厚度。
3. 不完整的恐龙饼干。

教师 "上次制作的恐龙饼干，小朋友发现有很多都不完整，今天有什么方法让我们制作的彩色恐龙饼干保持完整呢？"

4. 幼儿共同小结：轻拿轻放、用模具压紧实、借助工具进行脱模。
5. 幼儿制作彩色恐龙饼干。

（三）品尝分享饼干

（四）延伸活动

多余的饼干怎么办？

活动 9

饼干价格大调查

一、活动目标

1. 幼儿能用完整的话讲解自己的调查结果。
2. 幼儿通过讨论制定饼干售卖价格。

二、活动准备

幼儿与家长一起进行饼干价格调查。

三、活动过程

（一）导入活动

教师 "小朋友们和家长一起去超市调查了各种饼干价格，今天我们来分享一下调查结果。"

（二）分享调查单

1. 幼儿自由分享调查单，教师适时引导。

教师 "饼干价格都一样的吗？"

教师 "为什么不一样呢？"

2. 教师小结：不同的包装方式售价也不同。

（三）制定饼干价格

教师 "我们的饼干怎么制定价格呢？"

1. 幼儿分组讨论。
2. 师幼共同商议并确定适宜的价格。

恐龙饼干大调查

饼干类型	价格

活动 10

一起卖饼干

一、活动目标

1. 幼儿能大胆地向别人介绍自己的饼干。
2. 幼儿尝试解决一些突发小问题。
3. 幼儿体验成功的喜悦。

二、活动准备

1. 制作好的彩色恐龙饼干。
2. 售卖视频。
3. 提前布置摊位。
4. 家长代表4个,提前进行分工。

三、活动过程

（一）说说如何进行售卖

教师 "小朋友们已经把售卖的摊位摆放好了,那你知道怎样售卖吗？"

（二）观察视频,了解售卖技巧

教师 "一起来观看视频,看看别人是如何进行售卖的。"

教师 "视频中运用了哪些方法进行售卖？"

1. 小结：吆喝、推销、喇叭广告、海报宣传等方式。

教师 "如何向别人介绍自己的饼干？"

2. 小结：根据饼干的颜色、味道、纯手工制作、自己设计的包装袋等几个方面来介绍。

（三）售卖饼干

1. 分小组进行售卖活动。

2. 家长协助参与售卖。

（四）延伸活动

幼儿商量售卖后的钱用来做什么。

第三节 大班主题活动 ——数字馒头

主题说明	陈鹤琴指出："大自然、大社会都是活教材。"数来源于生活，运用于生活，数字常常出现在我们的身边。本学期，根据大班幼儿的年龄特点和已有生活经验，开展"数字馒头"的食艺工坊活动，幼儿通过揉、团、搓、捏等方法，创意制作各种造型的数字馒头。在制作的过程中，感受数字的外形特点，不仅使幼儿更加深入地了解数字在生活中的作用，也可提高幼儿的创造力和动手能力。
主题目标	1. 幼儿了解生活中有哪些美食是与数字相关的。 2. 幼儿使用胶泥制作数字，并将数字进行装饰。 3. 幼儿了解制作数字馒头所需的材料及制作方法。 4. 幼儿尝试用不同颜色的面团，通过揉、团、搓、捏等方法，创意制作不同造型的馒头。 5. 幼儿愿意将自己制作的美食与他人分享，体验分享的快乐。

主题网络图

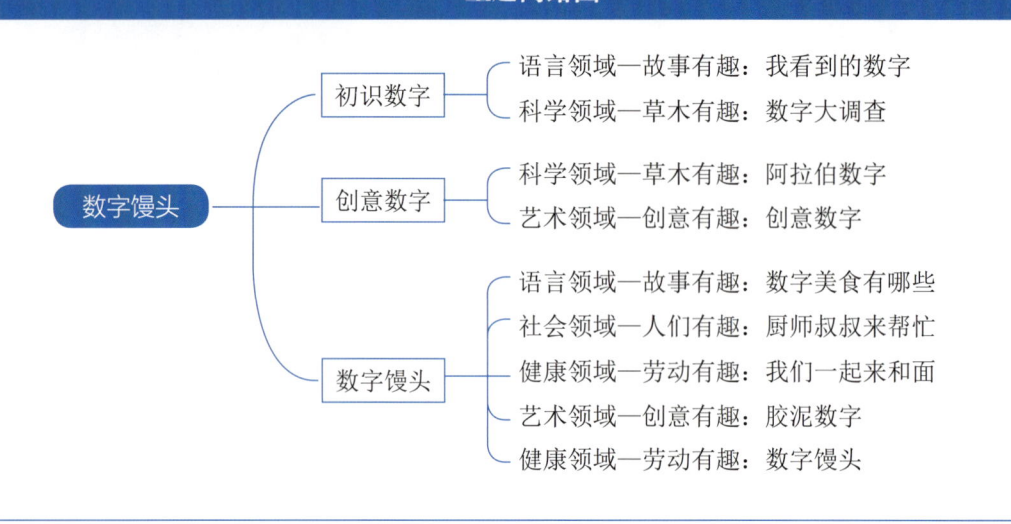

- 数字馒头
  - 初识数字
    - 语言领域—故事有趣：我看到的数字
    - 科学领域—草木有趣：数字大调查
  - 创意数字
    - 科学领域—草木有趣：阿拉伯数字
    - 艺术领域—创意有趣：创意数字
  - 数字馒头
    - 语言领域—故事有趣：数字美食有哪些
    - 社会领域—人们有趣：厨师叔叔来帮忙
    - 健康领域—劳动有趣：我们一起来和面
    - 艺术领域—创意有趣：胶泥数字
    - 健康领域—劳动有趣：数字馒头

活动一览		
序号	活动名称	活动形式
1	我看到的数字	集体
2	数字大调查	小组
3	阿拉伯数字	集体
4	创意数字	区域
5	数字美食有哪些	集体
6	厨师叔叔来帮忙	集体
7	我们一起来和面	小组
8	胶泥数字	区域
9	数字馒头	集体
资源利用		
园所资源	1. 食艺工坊。 2. 厨师技术指导。	
家长资源	1. 家长带领幼儿寻找生活中的数字美食。 2. 亲子制作胶泥数字。	

环境创设

教学活动

活动 1

我看到的数字

一、活动目标
1. 幼儿能发现生活中常见的数字，并猜测数字代表的意义。
2. 幼儿能清楚地表达自己的想法和意见。

二、活动准备
1. 经验准备：幼儿知道生活中的数字。
2. 物质准备：教学课件。

三、活动过程
（一）谈话活动，幼儿初步感知数字

教师 "最近老师发现了一个秘密，生活中很多物品中都藏着数字宝宝，你们知道吗？"

教师 "你在哪里发现了数字？"

教师 "你知道这个数字代表着什么意思吗？"

（二）出示教学课件，幼儿深入理解数字的意义

1. 出示图片，幼儿观察。

教师 "包装袋上哪里有数字，代表什么意思？"

教师 "衣服上的数字在哪里？代表什么？"

2. 活动小结：生活中处处都有数字，不同地方的数字具有

不同的意义。

(三) 延伸活动

请幼儿回家与爸爸妈妈一起寻找生活中的数字。

活动 2

数字大调查

一、活动目标

1. 幼儿能发现幼儿园里的数字，知道这些数字的意义。
2. 幼儿喜欢参与寻找数字的活动，培养观察力。

二、活动准备

1. 幼儿园各活动场地。
2. 多媒体设备。
3. 完成的调查表。

三、活动过程

(一) 手指游戏导入，激发幼儿兴趣

教师带领幼儿回顾手指游戏"凑十法"。

教师 "你们会数数吗？"

教师 "你认识的数字有哪些？"

(二) 幼儿寻找数字，初步感知

1. 教师提问，幼儿思考。

教师 "你在生活中发现哪里有数字？"

大三班数字调查表

我认识的数字 1 2 3 4 5 6 7 8 9 10	幼儿园的数字	家里的数字	超市的数字

教师 "你觉得这些数字代表着什么意思？"

2. 组织幼儿寻找教室里的数字。

教师 "你在教室里什么地方发现了数字？"

3. 组织幼儿寻找幼儿园里的数字，深入理解数字的含义。

教师 "树牌上的数字 15～20 米是什么意思？"

教师 "公示栏上的 778960 元是什么意思？"

教师 "燃气桩上的数字又代表什么意思？"

（三）活动延伸，完成调查表

教师组织幼儿在活动后完成调查表。

活动 3

阿拉伯数字

一、活动目标

1. 幼儿感受数字的特征。
2. 幼儿知道数字的正确写画方法。

二、活动准备

1. 教学课件。
2. 已完成的调查表。
3. 笔、画纸。

三、活动过程

（一）幼儿观察调查表

1. 出示调查表。

> 教师 "看看两张调查表的数字有什么不同？"

> 教师 "这两个5有什么不一样？哪个是正确的？"

2. 活动小结：调查表中的数字正反不一。

（二）出示教学课件，观察数字形态

幼儿观察数字，0像什么？1像什么？……9像什么？

（三）幼儿写画数字

幼儿选择绘画工具，尝试用自己的方法正确写画数字。

（四）延伸活动

将幼儿的作品呈现在班级环境创设中。

活动 4

创意数字

一、活动目标

1. 幼儿能发挥想象给数字变出更多的造型。
2. 幼儿喜欢参与创意绘画活动，体验创作乐趣。

二、活动准备

1. 画纸、笔。
2. 教学课件。

三、活动过程

（一）图片导入，幼儿初步感知

> 教师 "我们最近认识了很多的数字，也了解数字的不同意义。今天，我们班来了很多数字朋友，我们一起来看看吧！"

（二）出示课件，幼儿了解创意数字

1. 出示创意数字图片，幼儿欣赏。

> **教师** "你看到了什么？"
> **教师** "和我们平时看到的数字一样吗？"
> **教师** "不同之处在哪里？"
> **教师** "如果是你来设计创意数字，你想怎么设计？"

2. 幼儿自主创作，教师来回巡视，注意观察是否有幼儿将数字画反的，并及时给予指导与纠正。

（三）作品展示与分享

1. 幼儿介绍自己设计的创意数字画。
2. 幼儿相互欣赏评价同伴的创意数字画。

活动 5

数字美食有哪些

一、活动目标

1. 幼儿讲述生活中与数字相关的美食有哪些。
2. 幼儿感受数字美食的制作方法。

二、活动准备

1. 各种数字美食的图片。
2. 教学课件。

三、活动过程

（一）谈话导入，幼儿初步感知数字美食

教师 "你见过数字美食吗？在哪里见到的呢？"

教师 "你看见的数字美食是什么样子的？"

（二）了解数字美食制作方法

1. 出示数字美食的图片，幼儿欣赏并了解数字美食。

教师 "图片上的数字美食是什么样子的？"

教师 "猜一猜它是用什么制作的？"

2. 播放视频，幼儿了解数字美食的制作方法。

教师 "视频中的数字美食用到了哪些材料和工具？"

教师 "它们是怎么制作的？"

（三）总结回顾

教师 "在我们的生活中，有很多的美食，小朋友们想要制作数字美食吗？接下来我们将开展食艺工坊活动，我们来比比看，谁做的数字美食最好看，最好吃。"

活动 6

厨师叔叔来帮忙

一、活动目标

1. 幼儿能有礼貌地邀请厨师叔叔来进行活动指导。

2. 幼儿分组梳理制作数字馒头的步骤，体验合作的乐趣。

二、活动准备

1. 食艺工坊及其工具和材料。

2. 厨师指导。

3. 笔、纸。

三、活动过程

（一）谈话导入

教师　"上次我们了解了一些关于数字的美食，你还记得有哪些美食吗？"

教师　"你知道数字馒头是怎么制作的吗？"

教师　"我们都不会制作，那该怎么办呢？"

（二）大厨来帮忙

1. 幼儿邀请厨师。

教师　"怎么邀请？谁去邀请？"

教师　"邀请时应该说什么？"

活动小结：邀请时注意礼貌用语，说明活动内容、时间和地点。

2. 厨师叔叔边操作边讲解馒头制作方法和注意事项。

（三）梳理制作步骤

1. 分组梳理。

2. 集体分享，完善操作步骤。

（四）延伸活动

幼儿根据操作步骤与爸爸妈妈一起尝试制作馒头。

活动 7

我们一起来和面

一、活动目标
1. 幼儿了解和面的基本方法和技巧，初步感知水与面粉的比例。
2. 幼儿喜欢参与和面，感受动手操作带来的乐趣。

二、活动准备
1. 经验准备：幼儿有亲子制作馒头的经验。
2. 物质准备：水、面粉、面盆、口罩、帽子、手套、围裙。

三、活动过程
（一）图片导入，激发幼儿兴趣

教师："上次我们回家与爸爸妈妈制作了馒头，你们是怎么做的呢？"

（二）出示材料，幼儿学习和面

1. 初次尝试和面，发现问题。

教师："你们的面团做好了吗？为什么会这样呢？"

2. 师幼共同探讨和面的技巧。

活动小结：边揉面团边缓慢加水，将面团揉至不黏手即可。

3. 幼儿再次操作。

重点指导幼儿根据面团的干湿情况，选择加面或加水。

4. 分享自己成功的经验。

（三）延伸活动

1. 将面团投放至区域进行游戏活动。
2. 幼儿尝试使用不同的蔬菜水果汁制作彩色面团。

活动 8

胶泥数字

一、活动目标

1. 幼儿通过揉、团、搓、捏等方式制作不同造型的数字。
2. 幼儿能大胆地想象并进行艺术创作。

二、活动准备

各色胶泥。

三、活动过程

（一）谈话导入，幼儿初步感知胶泥数字

教师 "上次我们创意绘画了数字，你们能使用胶泥捏塑数字吗？"

（二）幼儿选择材料，动手操作

1. 幼儿捏塑数字时，注意不要将数字捏反。
2. 提醒幼儿使用不同的方式装饰数字。

（三）作品展示

幼儿将作品投放至作品展示区。

活动 9

数字馒头

一、活动目标

1. 幼儿能使用彩色面团熟练捏出不同造型的数字馒头。
2. 幼儿分享自己的劳动成果，体会劳动的快乐。

二、活动准备

1. 经验准备：知道数字馒头的基本做法。
2. 物质准备：各色面团、蒸锅、面盆、馒头制作步骤图。

三、活动过程

（一）经验回顾，激发幼儿兴趣

教师 "你还记得馒头是怎么做的吗？"

（二）幼儿制作数字馒头

1. 出示工具及材料，讲解安全注意事项。
2. 幼儿根据步骤图制作数字馒头，教师巡视指导。

重点指导：

（1）正确捏出数字造型。

（2）用彩色面团捏成的线条和图案进行装饰。

（3）幼儿将制作完成的数字馒头放在蒸格里，等待蒸熟出锅。

（三）数字馒头分享会

幼儿与他人分享并品尝做好的数字馒头。

第五章

稚趣课程之趣味布艺活动

建华幼儿园所处的成都市大邑县，拥有丰富的旅游资源，古镇成为孩子们生活中重要的社会文化资源。

扎染、编织、刺绣等布艺活动，是中华民族独特的传统文化的组成部分，幼儿十分喜欢，同时也感到挑战。

趣味布艺主题活动主要结合大邑本土特色传统布艺活动，如扎染、编织，利用幼儿园实际，从身边的资源入手，开展幼儿感兴趣的布艺手工活动。

从"建华幼儿园的树"到"哪些植物可以做染料"，从"敲拓染"到"扎染"，从"学习扎皮筋"到"扎出好看的纹路"，从"绣线条"到"绣形状"……幼儿的经验不断升级，技能越发娴熟，成就感逐渐爆棚。

传统布艺活动的园本化设计，让孩子们在生活和游戏中感知传统工艺的美，体验家乡文化、中国文化的博大，孩子们用自己独特的方式表达"趣味布艺"的美。

第一节 小班主题活动——布布生花

主题说明	在散步活动中，幼儿发现中班哥哥姐姐班级墙上贴了一些布，布上花和草的图案吸引了幼儿的注意。小班幼儿对生活中的花草树木很感兴趣，兴趣是产生学习动机的重要心理因素，促进幼儿去探索新事物。教师结合小班幼儿的年龄特点和兴趣，开展了本次主题活动"布布生花"。
主题目标	1. 幼儿了解到保存花草的一些方法。 2. 幼儿了解敲拓染的制作流程。 3. 幼儿学习正确使用敲拓工具，有初步的安全意识。 4. 幼儿能独立敲拓，尝试印出完整的作品。 5. 幼儿愿意表达自己的想法，能用词语和短句描述作品。
\multicolumn{2}{c}{主题网络图}

布布生花
- 初识敲拓染
  - 语言领域—故事有趣：花草怎么保存
  - 社会领域—人们有趣：我想这样保存花草
  - 健康领域—劳动有趣：剪花草
  - 科学领域—草木有趣：了解敲拓染
- 敲拓染
  - 健康领域—劳动有趣：危险的小锤子
  - 科学领域—草木有趣：敲拓工具大对比
  - 艺术领域—创意有趣：敲拓染
  - 语言领域—故事领域：布可以做什么
- 服装秀
  - 艺术领域—创意有趣：服装秀1
  - 艺术领域—创意有趣：服装秀2

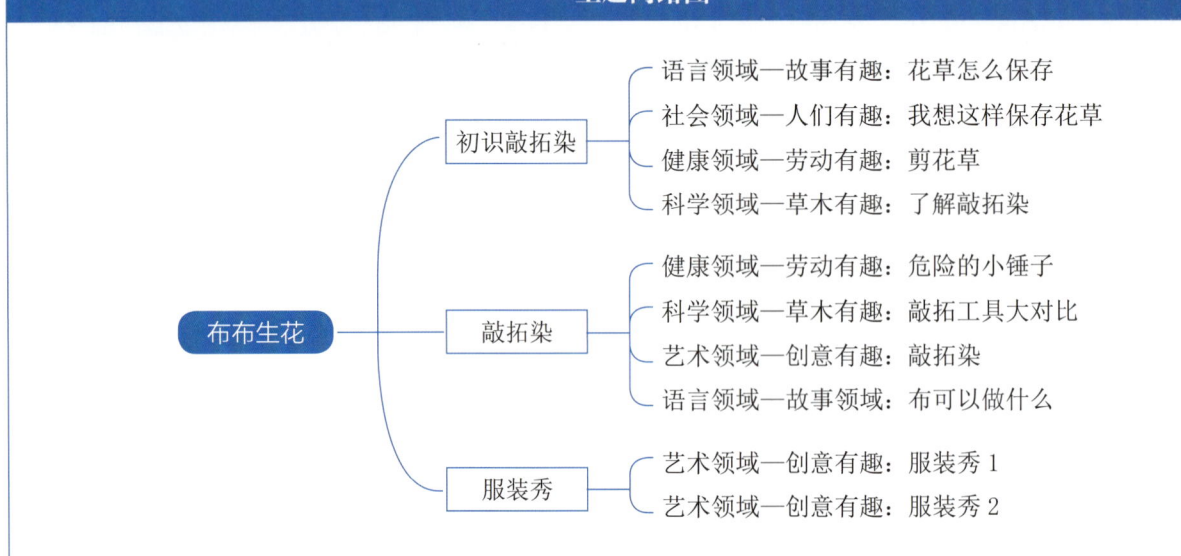

活动一览		
序号	活动名称	活动形式
1	花草怎么保留	集体
2	我想这样保存花草	小组
3	剪花草	小组
4	了解敲拓染	集体
5	危险的小锤子	集体
6	敲拓工具大对比	集体
7	敲拓染	集体
8	布可以做什么	集体
9	服装秀1	小组
	服装秀2	小组
资源利用		
园所资源	1. 幼儿园的花草。 2. 布艺工坊。	
家长资源	家长收集白色T恤。	

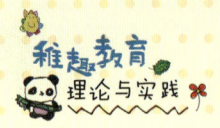

环境创设

教学活动

活动1

花草怎么保存

一、活动目标

1. 幼儿了解保存花草的常见方法。
2. 幼儿愿意表达自己的想法。

二、活动准备

1. 课件PPT。
2. 各种花草保存方法的视频。

三、活动过程

（一）出示花草图片，产生探索兴趣

教师 "今天老师给小朋友们带来了很多漂亮的花草，你们认识它们吗？你在哪里见过？"

（二）讨论如何保存花草

1. 出示图片一（繁花盛开的图片）。

教师 "看到这么多的花草，小朋友们想对它们说什么？"

2. 出示图片二（花草凋谢的图片）。

教师 "这朵花怎么了？"

教师 "花草都有凋谢的一天，小朋友们有什么好的办法将花草进行保存呢？"

（三）播放视频帮助幼儿梳理几种常见的花草保存方法

1. 幼儿观看视频了解花草的保存方法。

教师 "视频中的花朵是如何保存的。"
2. 幼儿再次观察PPT，进行讲述。
3. 教师小结：花朵可以通过干燥剂、晾晒、营养液、敲拓染等方法进行保存。

（四）延伸活动

教师 "今天学习了常见保存花草的方法，你想用什么方法来保存花草？"

活动2

我想这样保存花草

一、活动目标

1. 幼儿尝试商量保存花草的方法。
2. 幼儿遇到问题会适时求助。

二、活动准备

1. 经验准备：幼儿有与同伴商量的前期经验。
2. 物质准备：课件PPT。

三、活动过程

（一）教师出示PPT，引发幼儿的回忆

教师 "上次我们了解到保存花草的4种方法，你们想用什么方法进行保存呢？"

（二）谈话讨论保存植物的方法

教师 "每个小朋友的想法都不一样，这可怎么办呢？"

1. 分小组进行讨论，用哪种方法保存花草。

教师 "你们组想用什么方法保存花草？"

2. 幼儿商量讨论。
3. 教师巡回指导，并引导幼儿遇到问题时可以寻求帮忙。
（三）分享结果
幼儿分享保存方法。
（四）延伸活动
幼儿投票，教师汇总。

活动 3

剪花草

一、活动目标
1. 幼儿能用正确的方法剪花草。
2. 幼儿在采摘中能注意到自己和别人的安全。
3. 幼儿体验采摘的乐趣。

二、活动准备
1. 经验准备：幼儿有使用剪刀的前期经验。
2. 物质准备：幼儿园的花草、安全剪刀、小篮子，以及中班敲拓染作品。

三、活动过程
（一）教师出示哥哥姐姐的敲拓染作品

教师 "这是以前哥哥姐姐的作品，布上的花草你在哪里见过？幼儿园哪里有这些花草呢？"

（二）学习方法，剪花草
1. 教师示范剪刀的正确用法，巩固幼儿的已有经验。

重点指导：

（1）剪刀口不对着自己和他人，不追逐打闹。

（2）剪花注意保持安全距离，剪完后及时放回篮子内。

2. 教师讲解采摘花草的要领。

教师 "剪花草时应该左手握住花草，右手使用剪刀剪花草。"

3. 幼儿尝试自己采摘花草，教师指导。

（三）操作成功的幼儿示范，教师进行讲解

教师 "在剪花草时，我们应该剪花柄上端。"

（四）延伸活动

将花草投放到区域，幼儿进行艺术创作。

活动 4

了解敲拓染

一、活动目标

1. 幼儿了解植物染色的原理。
2. 幼儿了解敲拓染的方法。
3. 幼儿乐于参与活动，对敲拓染感兴趣。

二、活动准备

1. 幼儿园哥哥姐姐敲拓染视频。
2. 敲拓染工具、白色棉布、幼儿园的花草。

三、活动过程

（一）欣赏敲拓染视频，了解染色原理

1. 幼儿观看敲拓染视频。

教师 "视频中哥哥姐姐在做什么？"（敲拓染）

教师 "花草的颜色怎么染到白布上的？"

2. 教师小结：我们将植物放在布上敲打时，植物里有颜色的汁水就会流到布料上，从而形成颜色。

（二）通过视频了解敲拓染步骤

1. 教师再次播放视频，引导幼儿仔细观看。

教师 "他们先做什么，后做什么？"

2. 教师和幼儿一同进行小结。

（1）选择材料：花草、锤子、棉布。

（2）将棉布铺放平整，在棉布上摆放好自己喜欢的花草。

（3）握住花草的一端，用锤子反复敲打花草。

（三）我来试一试

幼儿自选材料尝试敲拓染，教师巡回指导。

活动 5

危险的小锤子

一、活动目标

1. 幼儿学习正确使用锤子的方法。
2. 幼儿能说出锤子存在的危险因素有哪些。
3. 幼儿有自我保护的意识。

二、活动准备

1. 幼儿敲拓染操作视频。
2. 正确使用小锤子视频。

三、活动过程

（一）视频导入，发现危险

教师出示上次幼儿敲拓染视频，引发幼儿的回忆。

教师 "在视频中发生了什么事情？"

（二）危险的小锤子

教师 "你是如何使用小锤子的，有没有伤到自己或别人？"

教师 "使用小锤子会有哪些危险呢？我们应该如何来保护自己？"

1. 教师小结：小锤子没拿稳、敲得太快、拿得太高。
2. 幼儿观看正确使用小锤子的视频，学习正确的使用方法。

教师 "手握在锤子手柄中间部位，高度不过头，轻轻敲打，注意力集中。"

活动 6

敲拓染

一、活动目标

1. 幼儿巩固敲拓染流程，尝试用花草进行敲拓染。
2. 幼儿体验敲拓染带来的乐趣。

二、活动准备

1. 木头锤子、橡胶锤、白色棉布、幼儿园的花草。

2. 敲拓染视频。

3. 敲拓染成品。

三、活动过程

（一）视频导入，幼儿回忆敲拓染流程

教师 "我们已经了解了敲拓染的方法，你还记得用了什么工具？是怎么做的？"

（二）敲拓染创作

教师 "你想选择什么花草进行敲拓染，想敲拓什么图案？"

幼儿自选材料进行创作，教师巡回指导。

（三）交流分享

教师 "说说自己使用的是花、草还是树叶？是什么颜色的？"

（四）区域展示

将幼儿作品放入区域进行展示。

活动 7

敲拓工具大对比

一、活动目标

1. 幼儿通过轻重、大小对锤子进行对比，能选择适合的工具进行创作。
2. 幼儿体验探索发现的乐趣。

二、活动准备

1. 木头锤子、橡胶锤、白色棉布、幼儿园的花草。
2. 敲拓染布作品。
3. 邀请中班哥哥姐姐。

三、活动过程

（一）不一样的作品

1. 教师出示作品。

教师 "我们的作品和哥哥姐姐们的作品有什么不一样？"

2. 中班哥哥姐姐介绍使用的工具。（橡胶锤）

（二）工具对比

1. 幼儿分组进行工具观察、对比。

教师 "它们有什么不一样？"

2. 教师引导幼儿从轻重、大小进行小结。

（三）幼儿选择适合的工具与材料进行敲拓染活动

教师组织幼儿选择合理的工具与材料，进行教学活动。

（四）延伸活动

染出的布，你们想用来做什么？

活动 8

布可以做什么

一、活动目标

1. 幼儿了解敲拓染作品的不同用途。
2. 幼儿能用词语和短句描述作品。

二、活动准备

1. 将染好的布进行亲子创作，并录制相关视频。
2. 各种布艺图片及亲子作品。

三、活动过程

（一）播放亲子创作视频，幼儿欣赏

教师 "视频中，小朋友用敲拓染的棉布做了哪些东西？"

（二）集体交流，分享作品

教师 "你的作品是什么，有什么颜色，可以用来做什么？"

（三）活动延伸

1. 将成品挂在班级区域进行装饰，相互欣赏。
2. 我们除了在棉布上进行敲拓染，还可以在什么材料上敲拓染？

> 活动 9

服装秀 1

一、活动目标

1. 幼儿能在废旧衣服上进行敲拓染。
2. 幼儿掌握敲拓技巧。

二、活动准备

1. 橡胶锤、废旧白色衣服、幼儿园的花草。
2. 各种敲拓染好的布图片。

三、活动过程

（一）谈话导入

教师 "在上次的活动中，我们将自己制作的敲拓染作品进行了创作。创作后，小朋友们都特别地喜欢，还想将作品在升旗仪式时进行展示。通过小朋友们的投票，大家决定利用自己的废旧衣服进行创作。"

（二）初次利用废旧衣服进行敲拓染

1. 出示幼儿带来的废旧衣服，引导幼儿说说你想选择什么样的花草进行敲拓染。
2. 幼儿示范敲拓染的技巧。
3. 幼儿自由选择材料进行敲拓染活动，教师巡回指导。

（三）分享交流

教师 "在敲拓染过程中，遇到了什么样的问题？"

（四）延伸活动

> **教师** "在这次的敲拓染活动中，我们遇到了不同的问题，下次活动中，我们可以结合问题进行调整。"

活动 10

服装秀 2

一、活动目标

1. 幼儿能用花草在废旧衣服上拼贴完整的一幅图。
2. 幼儿尝试用胶布将拼贴好的图进行固定。
3. 幼儿在动手操作的过程中体验敲染的乐趣。

二、活动准备

1. 橡胶锤、废旧白色衣服、幼儿园的花草。
2. 双面胶、透明胶。

三、活动过程

（一）分享上次敲拓染的作品，反思不足

1. 出示上次的作品，引导幼儿发现问题。

> **教师** "上次在敲拓染中，衣服上拼好的图案散开了，有没有更好的办法来固定花草？"

2. 幼儿自由讨论。

（二）学习方法，再次进行敲拓

1. 老师这里有一个好方法，可以固定花草，我们一起来学习一下吧。

教师讲解方法：选择材料进行拼贴，将拼好的图案用透明胶或者双面胶进行固定，最后敲拓。

2. 幼儿操作，教师指导。

教师重点指导幼儿用胶布粘贴花草。

3. 欣赏作品，将两次作品进行对比。

教师 "说一说你喜欢哪一次的作品，为什么？"

（三）延伸活动

将自己设计的衣服进行服装秀。

第二节 中班主题活动——一布揉青蓝

主题说明	《3—6岁儿童学习与发展指南》分五大领域：健康、语言、社会、科学、艺术。当中指出：幼儿学习的关键在于充分创造条件和机会，在大自然和社会中激发幼儿对美的感受和体验，丰富其想象力和创造力，引导幼儿学会用心灵去感受和发现美，用自己的方式去表现和创造美。 在第一次参观布艺工坊时，班级幼儿被工坊中的扎染吊饰吸引，对色彩、花纹很感兴趣，也产生了想要自己制作的想法。因此，结合幼儿年龄特点，开展班级布艺活动。
主题目标	1. 幼儿认识各种各样的布，初步了解布的由来。 2. 幼儿欣赏各种布类艺术作品，发现生活中的布艺美。 3. 幼儿通过小实验发现布的特性，了解其在生活中的不同用途。 4. 幼儿通过多种感官了解植物，认识做草木染的染料，尝试利用植物制作染料，并进行染布。 5. 幼儿利用剪刀沿线条剪布，捆绑布条等形式提高动手能力。 6. 幼儿体验传统扎染工艺，感受扎染之美。

主题网络图

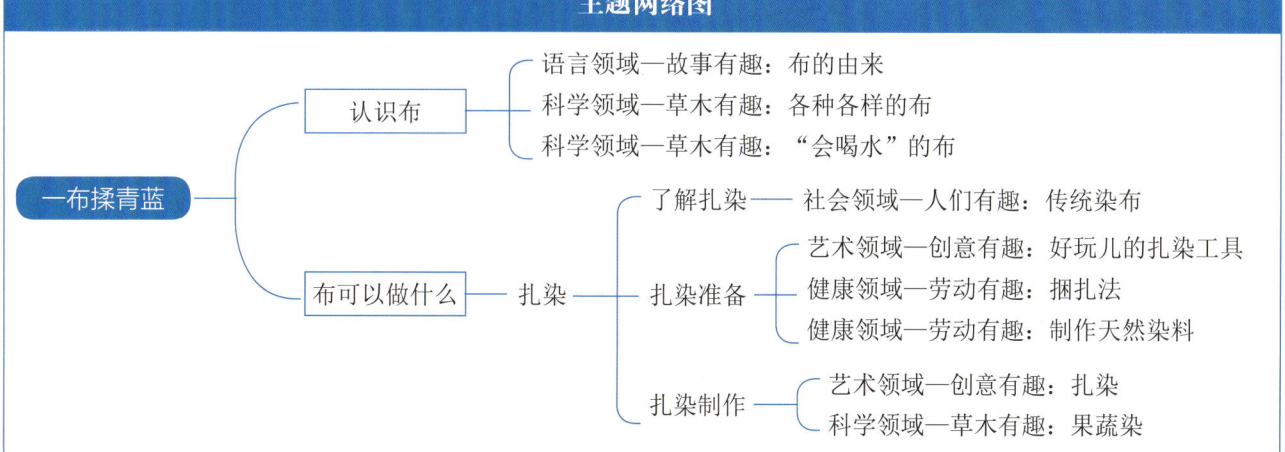

一布揉青蓝
- 认识布
  - 语言领域—故事有趣：布的由来
  - 科学领域—草木有趣：各种各样的布
  - 科学领域—草木有趣："会喝水"的布
- 布可以做什么 — 扎染
  - 了解扎染 — 社会领域—人们有趣：传统染布
  - 扎染准备
    - 艺术领域—创意有趣：好玩儿的扎染工具
    - 健康领域—劳动有趣：捆扎法
    - 健康领域—劳动有趣：制作天然染料
  - 扎染制作
    - 艺术领域—创意有趣：扎染
    - 科学领域—草木有趣：果蔬染

活动一览		
序号	活动名称	活动形式
1	布的由来	集体
2	各种各样的布	集体
3	"会喝水"的布	集体
4	传统染布	集体
5	好玩的扎染工具	集体
6	捆扎法	集体
7	制作天然染料	集体
8	扎染	集体
9	果蔬染	集体

资源利用

一、本土资源

大邑本地扎染体验馆。

二、园所资源

1. 布艺工坊场地及材料。
2. 幼儿园的植物。

三、家长资源

完成亲子调查、手工制作。

环境创设

教学活动

活动1

布的由来

一、活动目标

1. 幼儿通过观察绘本画面，理解故事内容，了解布的历史由来。
2. 幼儿能用自己的话讲述布的演变过程。

二、活动准备

绘本《布的由来》PPT课件。

三、活动过程

（一）出示绘本封面，引起幼儿兴趣

教师播放 PPT 图片，引导幼儿观察绘本封面。

教师　"图片中的人在干什么？"

教师　"猜猜他们和布会发生什么样的故事？"

（二）教师讲述绘本，引导幼儿初步了解布的来历

1. 教师分段进行绘本故事讲述，引导幼儿认真倾听故事，了解不同时期布的不同种类。

第一段故事：第 1～3 页

教师　"布最早出现在什么时候？"

教师　"最早的布是什么样子的？"

教师　"是什么人发明的？"

第二段故事：第 4～9 页

教师 "树叶、兽皮变成了什么样子？"

第三段故事：第 10 ~ 20 页

教师 "后来我们的布又发生了怎样的变化？"

2. 完整欣赏绘本，幼儿讲述故事。

幼儿尝试根据绘本图片提示，讲述布各个时期的变化。

教师 "小朋友们，绘本故事讲完了，你们现在知道布是怎么来的了吗？"

（三）延伸活动

1. 将绘本投放到语言区域，供幼儿阅读。
2. 利用晨间故事时间引导幼儿讲述故事。

活动 2

各种各样的布

一、活动目标

1. 幼儿通过观察、对比发现布料的典型特征。
2. 幼儿能运用完整的语言讲述自己在观察中的发现。

二、活动准备

1. 布料若干。
2. 放大镜。

三、活动过程

（一）出示实物布料，引起幼儿兴趣

1. 你们都认识这些布吗？

2. 幼儿根据自己的前期经验进行讲述。

(二) 通过观察，了解布料的特征

1. 幼儿以小组的方式进行观察并讲述自己的发现。
2. 幼儿通过对比不同布料感知特征。
3. 幼儿交流分享自己的发现。
4. 教师引导幼儿从厚薄、光滑程度、花纹、颜色进行小结。

(三) 延伸活动

继续在生活中收集各种布料。

活动 3

"会喝水"的布

一、活动目标

1. 幼儿感知不同布料吸水性的差异。
2. 幼儿能够用图画的方式进行实验记录。
3. 幼儿体验与同伴合作探索的乐趣。

二、活动准备

1. 无纺布、纱布、纯棉布若干。
2. 记录表、笔。
3. 盛水容器若干。

三、活动过程

（一）出示布，说说它们的特点

出示无纺布、纱布、纯棉布，幼儿摸一摸、看一看，说说它们有什么不同。

小结：颜色、柔软度、厚薄不同。

（二）幼儿实验，记录结果

1. 幼儿猜一猜以上三种布遇到水时，哪种布吸水性强？
2. 幼儿动手操作，验证自己的猜想。
3. 教师讲解记录表如何使用，随后幼儿记录实验结果，并讨论实验中的发现。
4. 幼儿分享自己实验结果。

教师 "造成布料吸水不一样的原因是什么？"

师幼共同总结：不同材质的布吸水性不同，在本次实验中纯棉布吸水性最强，无纺布最弱。

（三）延伸活动

鼓励幼儿回家使用其他布料进行实验，感受布的吸水性程度不同。

活动 4

传统扎染

一、活动目标

1. 幼儿初步了解扎染的基本步骤。
2. 幼儿了解中国传统扎染工艺，对传统染布文化感兴趣。

二、活动准备

1. PPT 课件。
2. 染料。

三、活动过程

（一）出示染料，引导幼儿观察

教师 "你闻到了什么？看到了什么？"

教师 "猜一猜它是什么东西？"

（二）播放视频，了解传统染布工艺

1. 幼儿了解染缸里的染料是板蓝根发酵后做成的。

教师 "猜一猜这些染料有什么用？"

2. 幼儿了解传统扎染工艺文化由来。

（三）了解扎染制作步骤

1. 教师再次播放扎染过程视频，幼儿仔细观察。

教师 "扎染需要准备什么？先做什么？再做什么？"

2. 幼儿集体讨论并分享自己看到的制作步骤。
3. 师幼小结，共同梳理扎染所需材料与制作步骤。
（1）所需材料：棉布、染料、皮筋。
（2）制作步骤：首先用清水浸湿棉布，然后用皮筋捆绑放入染料中染色，再清洗、晾干。

（四）延伸活动

家长带幼儿去参观大邑县扎染馆，深入了解我们传统染布文化。

活动 5

好玩的扎染工具

一、活动目标

1. 幼儿认识扎染工具，了解其用途。
2. 幼儿在操作过程中，掌握扎染工具的使用方法。

二、活动准备

1. 课件PPT。
2. 扎染视频。
3. 扎染工具：橡皮筋、一次性筷子、弹珠、雪糕棒、棉布。

三、活动过程

（一）出示扎染工具

教师　"这是什么呢？猜一猜它们在扎染中有什么用？你想怎么用？"

（二）尝试使用扎染工具

1. 幼儿分小组初步尝试操作扎染工具。
2. 幼儿分享操作后的感受。

（三）播放工具使用视频，引导幼儿了解工具的正确使用方法

1. 了解工具用途及使用方法。

教师　"视频里看到了什么？他们是如何使用的？"

2. 引导幼儿学看步骤图，进一步了解工具的使用方法。
3. 幼儿根据步骤图再次尝试操作扎染工具，掌握工具的使用方法。

（四）延伸活动

将材料投放到区域内，幼儿可自行取材进行巩固练习。

活动6

捆扎法

一、活动目标

1. 幼儿通过活动能掌握皮筋捆、绕的技巧。

2. 幼儿能够使用皮筋和其他材料进行创新组合。

二、活动准备

1. 皮筋、弹珠、一次性筷子、雪糕棒。
2. 课件 PPT。

三、活动过程

（一）谈话活动

教师 "你们在使用扎染工具的时候，遇到了什么问题？"（不会捆绑皮筋，皮筋捆不紧）

（二）学习掌握皮筋捆、绕的技巧

1. 播放皮筋操作视频，学习皮筋捆、绕的正确方法。
2. 幼儿操作，教师指导。

指导要点：

（1）用手指把皮筋绷直绕圈。
（2）注意反复绕圈直至皮筋绷紧。

（三）延伸活动

将操作材料投放到区域内，幼儿巩固练习。

活动 7

制作天然染料

一、活动目标

1. 幼儿了解染料制作方法，尝试制作染料。
2. 幼儿通过小组协作完成任务。

二、活动准备

1. 剪刀、手套、盆、锅、篮子、笔。
2. 染料制作视频。

三、活动过程

（一）染料制作视频导入

教师 "你们知道染料是怎么制作的吗？"

教师 "需要什么材料？"

（二）小组讨论并收集材料

1. 幼儿分小组讨论想要做的染料与植物。
2. 幼儿分组收集植物。

（三）制作染料

1. 收集完后用清洗、剪、搅碎等方式进行处理。
2. 将处理好的植物进行熬煮。
3. 幼儿在教师协助下，将煮开后的染料分别装桶，等待发酵。
4. 幼儿收拾整理垃圾。

活动 8

扎染

一、活动目标

1. 幼儿利用扎染工具进行扎染。
2. 幼儿体验传统扎染，感受扎染的奇妙。

二、活动准备

1. 纯棉布、橡皮筋、弹珠、筷子、夹子。
2. 课件PPT。
3. 植物染料。

三、活动过程

（一）出示染料

教师 "染料已经发酵好了，接下来我们一起用这些染料来进行扎染吧！"

（二）体验扎染

1. 教师出示扎染步骤图，引导幼儿回忆扎染方法与流程。
2. 幼儿自主操作扎染工具，对布进行捆扎。
3. 指导要点：
（1）正确使用皮筋。
（2）使用染料时能注意卫生与安全。
4. 幼儿选择染料，将布料浸泡其中进行染布。
5. 清洗布料，晾晒。

（三）展示扎染作品，分享感受

（四）延伸活动

1. 幼儿回家后与家长分享自己的扎染作品。
2. 亲子搜集更多制作染料的材料。

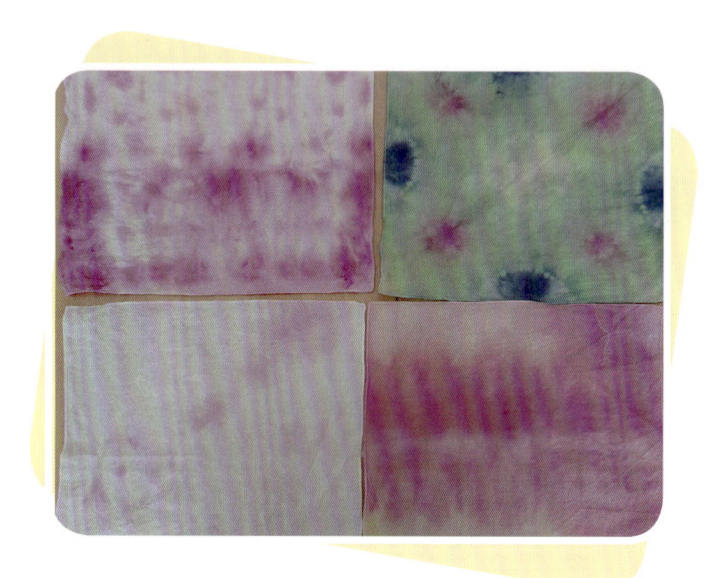

活动 9

果蔬染

一、活动目标

1. 幼儿了解果蔬染的方法并进行制作。
2. 幼儿体验果蔬染的乐趣。

二、活动准备

1. 经验准备：幼儿已经有植物扎染经验。
2. 物质准备：课件 PPT、视频、扎染作品、水果、蔬菜。

三、活动过程

（一）问题导入

教师 "上次活动结束后，你们和爸爸妈妈了解到还有哪些材料可以制作染料呢？"

小结：水果、蔬菜可以制作染料。

（二）出示水果

教师 "看看这些水果、蔬菜中，有没有可以制作染料的材料？"（苹果、火龙果、西瓜、葡萄、柠檬、白菜、菠菜、茄子、番茄）

（三）制作果蔬染料

幼儿选择材料进行染料制作，教师巡视指导。

（四）果蔬染

1. 幼儿进行染布。
2. 晾干。

（五）交流分享

幼儿相互分享作品，交流自己在尝试体验过程中的感受。

（六）延伸活动

家长和幼儿一起制作，并将染好的布料做成简单的布制品。

第三节 大班主题活动——有趣的编织

主题说明	《指南》中指出："幼儿艺术领域学习的关键在于充分创造条件和机会。"在一次区域游戏活动中，幼儿发现筷子除了用来夹东西，还有其他用途；随着活动的深入开展，幼儿发现筷子还可以用来编织。基于幼儿的兴趣点，我们开展了编织蜘蛛网的活动，幼儿通过直接感知、实际操作、亲身体验，学习绕线、换线、打结。在该活动中，幼儿不仅手部精细动作得到了发展，而且手眼协调能力也得到提升。
主题目标	1. 幼儿欣赏编织作品，感受编织作品的美。 2. 幼儿掌握打结、绕线、换线的技巧。 3. 幼儿能够制作手工作品蜘蛛网。 4. 幼儿在成人的指导下能制订计划并执行。 5. 幼儿能用自己制作的美术作品布置环境。 6. 幼儿萌发对美的感受和体验，丰富其想象力和创造力，并用自己的方式表现和创造美。
主题网络图	

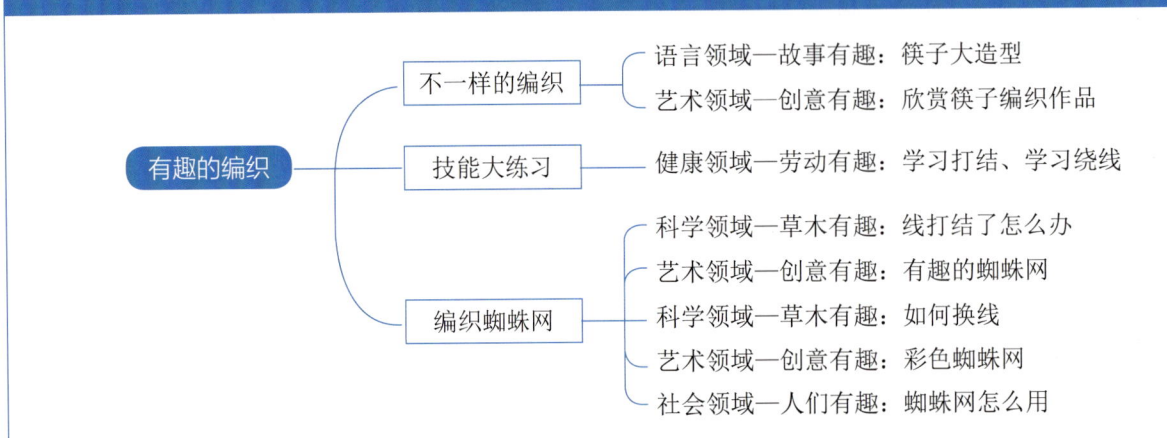

有趣的编织
- 不一样的编织
  - 语言领域—故事有趣：筷子大造型
  - 艺术领域—创意有趣：欣赏筷子编织作品
- 技能大练习
  - 健康领域—劳动有趣：学习打结、学习绕线
- 编织蜘蛛网
  - 科学领域—草木有趣：线打结了怎么办
  - 艺术领域—创意有趣：有趣的蜘蛛网
  - 科学领域—草木有趣：如何换线
  - 艺术领域—创意有趣：彩色蜘蛛网
  - 社会领域—人们有趣：蜘蛛网怎么用

活动一览		
序号	活动名称	活动形式
1	筷子大造型	区域
2	欣赏筷子编织作品	集体
3	学习打结	小组
4	学习绕线	小组
5	线打结了怎么办	集体
6	有趣的蜘蛛网	集体
7	如何换线	区域
8	彩色蜘蛛网	集体
9	蜘蛛网怎么用	集体
资源利用		
园所资源	布艺工坊。	
家长资源	家长收集毛线与一次性筷子。	

环境创设

教学活动

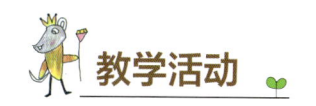

活动 1

筷子大造型

一、活动目标

1. 幼儿利用筷子搭建各种各样的造型。
2. 幼儿能分享自己的作品及搭建方法。

二、活动准备

筷子造型图、筷子、纸杯、胶泥。

三、活动过程

（一）谈话导入

教师 "筷子除了可以吃饭，还可以用来做什么？"

（二）出示筷子造型图，引发幼儿思考

教师 "我们了解到筷子还可以拼搭成各种好看的造型，今天小朋友们就来试一试吧！"

（三）幼儿大胆想象，动手操作

1. 幼儿协商制定操作注意事项。
（1）在搭建时不打闹，以防筷子戳到他人。
（2）活动后，自主收材料并且放回原处。
2. 幼儿选择材料，搭建筷子的造型。
3. 幼儿交流讨论搭建中出现的问题。

教师 "搭建时，你们遇见了什么问题？你是怎么解决的？"

4. 幼儿再次搭建。

（四）筷子造型作品分享

幼儿说一说自己作品的名字及搭建方法。

（五）延伸活动

将搭建好的作品展示到区域。

活动 2

欣赏筷子编织作品

一、活动目标

1. 幼儿欣赏筷子编织作品，感受编织艺术的美。
2. 幼儿愿意与同伴分享交流自己喜欢的筷子编织作品。

二、活动准备

毛线、筷子、图片。

三、活动过程

（一）教师出示筷子、毛线，引导幼儿观察

教师 "猜猜它们两个组合起来能变成什么？"

（二）欣赏图片，初步了解筷子编织

1. 出示筷子编织作品图片，引导幼儿观察。

教师 "小朋友们，看到这些作品，你们有什么感受？你喜欢哪一个？"

2. 出示各种筷子编织作品图片。

教师 "老师今天准备了很多筷子编织作品，我们一起来看一看吧。"

教师 "你们都喜欢哪种颜色的作品？这些筷子编织作品除了颜色，还有什么地方不同？"

3. 幼儿分享讨论筷子编织作品的花纹、造型。
4. 幼儿小结：筷子编织作品非常漂亮，色彩丰富，造型各异。

（三）结束活动

教师 "这么多好看的筷子编织作品，下次我们一起来尝试制作吧！"

活动3

学习打结

一、活动目标

1. 幼儿掌握打结的方法。
2. 幼儿体验动手操作的乐趣。

二、活动准备

1. 步骤示意图。
2. 粗细不同的线。

三、活动过程

（一）谈话导入

教师 "上一次我们了解很多编织作品，编织前需要将线固定在筷子上。怎样才能将线固定在筷子上呢？"

教师 "我们要学习一项重要的本领，那就是打结。"

（二）学习打结技能

1. 教师出示打结的步骤示意图，幼儿观察。
（1）准备好两条需要打结的绳子。

（2）把两根绳子交叉系在一起。

（3）把两根绳子头交叉成环，并把其中一根绳子穿过环。

（4）把打好的结拉紧。

2. 幼儿自主选择粗细不同的线尝试打结，教师适时指导。

3. 幼儿总结自己的打结情况。

教师 "为什么有的结一拉就散开了？"

4. 教师重点示范步骤2、步骤3。

5. 幼儿再次打结。

(三) 延伸活动

将材料投放到区域中，幼儿日常巩固练习打结。

活动 4

学习绕线

一、活动目标

1. 幼儿学习有规律的绕线方法。
2. 幼儿通过打结、绕线发展手部精细动作，提高手眼协调能力。

二、活动准备

毛线、十字形筷子架、米字形筷子架。

三、活动过程

(一) 谈话导入，激发幼儿兴趣

教师 "上一次我们学习了打结，今天我们来学习绕线。"

（二）学习绕线方法

1. 幼儿自主探索如何将线绕到筷子上。
2. 教师示范有规律（先上后下或先下后上）的绕线方法。
3. 幼儿自主绕线。
4. 幼儿自由讨论，鼓励幼儿大胆表达自己的想法。

> 教师 "你是怎么绕线的呢？"

> 教师 "这个线条看起来怎么样？"

5. 幼儿按照总结的方法，再次尝试绕线。

（三）交流分享绕线的经验方法

教师组织幼儿对绕线的经验进行总结，并分享各自的方法。

（四）延伸活动

将材料投放到区域，幼儿使用总结的经验方法进行绕线游戏。

活动 5

线打结了怎么办

一、活动目标

1. 幼儿探究毛线打结的原因。
2. 幼儿遇到问题不放弃，积极寻找解决办法。

二、活动准备

打结的蜘蛛网、毛线。

三、活动过程

（一）出示不同的蜘蛛网（打结、平整），引发幼儿思考

教师 "小朋友们，这两个蜘蛛网有什么不同？"

（二）讨论蜘蛛网存在的问题，寻找解决打结的方法

教师 "蜘蛛网为什么变成这个样子呢？"

1. 幼儿分享上次学习绕线过程中遇见的问题。
2. 幼儿讨论线打结的原因，找出解决的办法。

教师 "毛线为什么会打结？"

教师 "有什么好办法来解决呢？"

3. 幼儿验证自己想出来的解决办法。

（三）交流分享方法

1. 幼儿分享自己实践的方法。
2. 教师、幼儿汇总有效的办法。

活动 6

有趣的蜘蛛网

一、活动目标

1. 幼儿能熟练地完成蜘蛛网制作。
2. 幼儿感受编织活动的乐趣。

二、活动准备

蜘蛛网图片、各色毛线、米字形筷子架、安全剪刀。

三、活动过程

（一）谈话导入

教师　"我们之前学习了打结、绕线的技能，那今天一起来做一个完整的蜘蛛网吧！"

（二）幼儿动手操作，制作蜘蛛网

1. 幼儿回忆制作蜘蛛网方法。

教师　"制作蜘蛛网时，首先要做什么？我们要注意什么呢？"

2. 操作要点：

（1）按照一个方向，有规律（先上后下或先下后上）地绕线。

（2）绕线时要将毛线绷紧。

（3）注意首尾打结。

3. 幼儿动手操作，教师巡回指导。

（三）作品展示与分享

幼儿展示自己的作品，并大胆讲述自己的制作过程和方法。

（四）延伸活动

将剩余的材料投放至编织区，以供幼儿在区域游戏时，可以继续探索和制作。

活动 7

如何换线

一、活动目标

1. 幼儿探究彩色蜘蛛网的编织方法。
2. 幼儿学习换线的方法，尝试进行换线编织。

二、活动准备

彩色蜘蛛网、各色毛线、米字形筷子架。

三、活动过程

（一）出示不同蜘蛛网，对比找不同

教师出示上次活动中偶然做成的彩色蜘蛛网与单色蜘蛛网，请幼儿观察。

教师 "两个蜘蛛网有什么不同呢？"

教师 "为什么不一样呢？"

（二）探索蜘蛛网颜色不同的原因

1. 幼儿自主讨论两个蜘蛛网颜色不同的原因。

2. 幼儿探究彩色蜘蛛网的制作方法。

教师 "怎样才能制作彩色的蜘蛛网呢？"

3. 幼儿分享结果。（换线）

教师 "线是怎么连接到一起的呢？"

4. 学习换线的方法：将不同颜色的线打结连接在一起。

（三）幼儿尝试编织彩色蜘蛛网

活动 8

彩色蜘蛛网

一、活动目标

1. 幼儿设计彩色蜘蛛网的构图，并能按照图纸进行创作。

2. 幼儿能探索不同色彩搭配的效果。

3. 幼儿用自己的方式表现和创造美。

二、活动准备

图片、笔、纸、各色毛线、筷子架等。

三、活动过程

（一）图片导入，幼儿感受色彩搭配的美

教师 "图片中有哪些颜色？它们是怎么搭配的？"

教师 "你想选择哪些颜色进行搭配？"

（二）幼儿自主设计

幼儿画蜘蛛网设计图，教师重点提醒幼儿色彩搭配。

（三）幼儿根据设计图编织彩色蜘蛛网

（四）作品展示，幼儿分享交流

教师 "你最喜欢哪个蜘蛛网，为什么？"

（五）延伸活动

幼儿商议蜘蛛网用来做什么。

教师 "你想把制作完成的蜘蛛网用来做什么呢？"

活动 9

蜘蛛网怎么用

一、活动目标

1. 幼儿商量利用蜘蛛网制订装饰计划。
2. 幼儿积极参与活动，有一定的集体意识。

二、活动准备

笔、纸、成品蜘蛛网。

三、活动过程

（一）出示成品蜘蛛网，幼儿说一说可以怎么利用

教师 "我们做好的蜘蛛网可以怎么用呢？"

教师 "放在哪里会更好？"

（二）交流分享自己的想法并制订装饰计划

1. 幼儿分组讨论自己的想法。
2. 分组将自己的想法进行记录，制订简单的装饰计划。
3. 小组代表分享本组的想法。

（三）充分利用蜘蛛网进行园所、工坊、班级环境创设

第六章

稚趣环境创设

环境是儿童的第三位老师。

幼儿用他们魔法般的创意，经由"动手""动脑""动情"的游戏活动，让一些原本在成人眼里觉得头疼棘手的事物，成为建华幼儿园中的独特风景。

把环境交给幼儿。"这幅画我想放在这里！""怎么挂上去呢？""怎么可以挂得更好看？"……在积极主动地与环境互动对话的过程中，幼儿真正成为环境的主人。

让环境表达幼儿。从井盖游戏"熊猫去哪儿了"，到"长眼睛的消火栓"，再到"3D功夫熊猫"旋转楼梯，建华幼儿园的环境时时充满童趣的幼儿视角，处处尽显童真的创意表达，环境里散发着浓浓的幼儿的味道。

借环境影响幼儿。建华幼儿园的环境，处处承载着幼儿园的稚趣文化信息。正是透过这些充满童趣又满含教育元素的一砖一瓦、一草一木，让环境时时发出邀请，并持续产生吸引，让幼儿在与之互动的过程中学习与发展，真正发挥环境对幼儿潜移默化的影响作用。

第一节 户外环境

安全标识牌

"翻爬栏杆是很危险的动作,所以我们不可以这么做!"

儿童教儿童,儿童提醒儿童,有时胜于成人的千叮万嘱。结合稚趣安全教育活动,哥哥姐姐们分享总结了活动和环境中的危险点、危险行为,并绘画制作"温馨提示牌"投放到幼儿园的对应区域。幼儿用自己稚嫩暖心的图画语言清晰明了地提醒着同伴活动时一定要注意安全。

稚趣课程之趣味布艺活动

树牌

"这个圆圆的牌子是我们画的树牌，告诉大家这是一棵柿子树。"

结合主题活动"建华幼儿园的树"，幼儿探索了解幼儿园不同的树木种类、各种类树木的生长习性等，用绘画的方式为各种各样的树木挂牌，生动地开展了科普活动，也为后续进一步的科学探究做了前期的经验铺垫。

楼梯转角

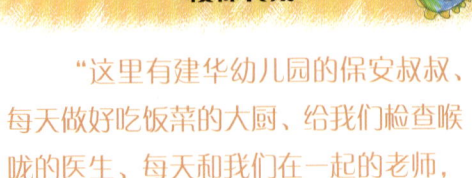

"这里有建华幼儿园的保安叔叔、每天做好吃饭菜的大厨、给我们检查喉咙的医生、每天和我们在一起的老师,她们都非常的厉害。"

稚趣教育六大课程板块之一"人们有趣",从幼儿生活出发,引导幼儿去发现身边各行各业的人,了解不同职业的工作特点,明白我们的生活离不开这些不同职业的人,我们要尊重在不同岗位上辛勤劳动的人。

收支表

"每次手工作品、美食点心的收入都会记录在这张表格里，这些钱可以用来买更多的种子和工具。"

幼儿唯有实践感知，亲身体验，才能够印象深刻，积累更多的经验。幼儿主题活动中有很多成果，如亲手制作的手工作品、美食点心等。有时我们会以售卖的形式出售给家长和社区的邻居，幼儿在这些过程中，会获得关于加减、统计、整理等宝贵经验。同时，自己的作品被人喜爱和买下，既有成功的喜悦，也可体会挣钱不易。老师会引导幼儿有意识地去记录且有计划地使用每一笔收入。

鹅蛋房子

"鹅朋友有豪宅,我们的鹅蛋也得有个自己的可爱小家。这是我们给鹅蛋做的蘑菇房子,好看吧!"

幼儿在照顾鹅朋友时,发现鹅朋友开始下蛋。鹅蛋可以孵出小鹅吗?教师引导幼儿就鹅蛋开展了探索活动,并结合班级主题活动利用废弃材料为圆滚滚的鹅蛋们制作了温馨的小家,等待小鹅破壳的一天。

第五章
稚趣课程之趣味布艺活动

玉米娃娃

"哇！原来玉米除了可以做美食，做种子，还可以变成可爱的玉米娃娃。"

玉米种植活动中，孩子们观察发现了玉米的生长过程。除了用玉米在制作美味的玉米馒头，给幼儿园的鹅朋友带去鲜美食物，老师还引导孩子们开展手工创作活动，形态各异的玉米娃娃既装饰美化了环境，待到来年又可以作为种子进行新一轮的种植活动。

熊猫井盖

"这是建华园的吉祥物熊猫,吉祥物当然不能踩了,否则熊猫会很疼的。看,它要去旅行了,先去了我们的种植区,又去了体能区,真好玩儿。"

建华幼儿园园区内各种功能的井盖多达50多个,若简单地加盖分隔,将对幼儿日常活动带来诸多不便。熊猫是建华幼儿园的吉祥物。结合疫情防控中健康码"熊猫去哪儿"的游戏,幼儿分组设计并亲手绘制了可爱的熊猫井盖画。幼儿喜爱它,愿意保护它,在活动中潜移默化中注意避让、保护。同时,根据安全风险辨识要求,井深不同的熊猫井盖外圈颜色也不同,黄色圈代表井深在3米以内,红色圈代表井深超过3米,提醒组织活动的保教人员密切注意区域内的安全监管。

门厅

"春天到了,你看好多的花啊,真漂亮。建华幼儿园用鲜花欢迎您哦!"

门厅是接待来访客人的地方,更是孩子们创意展示的舞台。随着季节变化,小班的小朋友们发现了花开了,嫩叶发芽了,春天来了。在花香四溢的季节,孩子们用画笔绘出自己眼里的多彩春天,用美丽的图画装扮了我们的门厅,告诉大家这个季节有多么的美好。

3D 旋转楼梯

"哇,是功夫熊猫,它会武功,很厉害。我们过去的时候也要像它一样踩在石头、吊桥上过去,不然会掉在裂缝里。"

环境育人,就如春日的细雨,润物无声。色彩鲜明的3D的绘画让幼儿仿若身临其境,让幼儿感受色彩视觉冲击的同时,在这一小段楼梯上,发挥着无穷的想象,体验着愉悦的情绪。

稚趣课程之趣味布艺活动

内操场

"这是建华幼儿园内操场的攀爬网，我们可以从这里直接爬到二楼哦，可好玩了！"

活学，趣思，我们就是要在生活中去发现和思考，赋予平淡无奇的环境以独特的教育趣味。通过攀爬网将一楼与二楼平台贯穿相连，变成具有冒险挑战的通道，在引起幼儿兴趣的同时，也能够让幼儿在游戏活动中培养协调、勇气、合作、互助等能力品质。

讲个故事吧

"这里有好多好多的绘本,我们都喜欢坐在有靠枕这边,听老师和同伴讲故事。"

"讲个故事吧"是建华幼儿园的开放式书吧。幼儿真正参与环境创设,获得满满的自豪感、亲切感。幼儿利用传统扎染方法制作的布制品是幼儿园布艺工坊的劳动成果,用它们来装扮书吧简直太妙了!在书吧外,跃然廊柱之上的吉祥物熊猫,让书吧更添趣味与温馨。

稚趣课程之趣味布艺活动

劳作工坊动态展示墙

"看，这是劳作工坊包粽子、泡菜、染布的照片，我们厉害吧！"

稚趣课程主题墙面上，会动态呈现幼儿园劳动有趣主题课程的精彩活动图片。这既能让大家相互了解近期不同班级劳动主题活动的开展情况，也能以活动现场掠影这种直观的方式，激发兴趣、引发讨论、生发新的活动。

户外体能区

"这是我们的户外体能区,其实就是一个游乐园,特别有意思。"

游戏是幼儿一日生活中最基本的活动方式,体能区打造便遵循其原理。相较于受场地限制的内操场,户外体能区的打造更具丰富性和挑战性,所包含的项目、开展的活动更为丰富。它在多方面满足不同年龄段幼儿体能发展的同时,兼顾游戏体验性,让幼儿在参与体验中获得丰富经验,做到在游戏中快乐地学习和发展。

空调外机

"我们给这些箱子画上了春天的颜色,还有小花和多肉,空调应该也很满意。"

环境是幼儿的。在幼儿园里,所有的建筑、场地、物品等,都可以是幼儿涂鸦创作的画板。为了保证空调外机的安全性,我们加装了木质外箱,引导幼儿给箱子穿上漂亮的外衣。在绘制过程中,幼儿大胆去想、去做、去创造,不让画笔只局限于方寸大小的纸上。相信幼儿,支持幼儿,他们会创造一个绚烂多彩的乐园。

自由涂鸦区

"涂鸦区里有好多的马克笔、颜料、粉笔啊，可以在地上、画板上、轮胎上随便画，想怎么画就怎么画。"

幼儿拥有发现美的眼睛和创作美的双手。我们所能做的是为幼儿提供自由创作的空间、环境，与幼儿一起收集废弃材料，肯定幼儿的创作想法，引导幼儿用画笔、颜料将自己的想法展示在特别的画板上。单调的环境因为一个个独特的艺术作品变得美不胜收，成为幼儿拍毕业照的必选地。

风谷机

"这是风谷机，听说它从前是用来清除谷物中较轻杂质的装置，但我觉得它现在这样子也很不错！"

在现代化的进程中，儿时的农家农具逐渐淡化出我们的视野。作为地处郊区新城的美丽乡村，传统的、乡土的一些资源，让它们在为幼儿提供自由创作的机会的同时，也了解家乡的过往和劳动人民的智慧。

室外消火栓

"快看啊,我们幼儿园的消火栓和外面的不一样,它有眼睛!"

作为重要的消防设施室外消火栓,需要幼儿认识和了解。大班的幼儿在消防安全主题活动中,展开丰富的想象,利用消防栓本身的红色,为其添上了一双卡通的眼睛,将原本严肃的消火栓瞬间变得可爱。这一下吸引了中小班弟弟妹妹去了解什么是消火栓,其作用是什么,并开启了寻找可爱消火栓的活动,进一步了解园所内消火栓的点位分布情况。

水区

"玩水了,这个可以压水,那里还有出水口,水居然可以自己出来,太酷了。"

幼儿大多喜欢玩水。没有固定形状的水本身就非常具有探索价值。基于幼儿喜爱玩水的特性,幼儿园添置了古老的压水器、有趣的水动装置、不同形态的出水装饰,提供丰富的探索材料,支持幼儿戏水、玩水,深入探索水的世界。在这里,幼儿可以去探索自己的发现,寻求答案,获取知识。

沙区

"沙区好玩的可多了,我最喜欢的是挖沙子和堆城堡!"

  细腻的沙子、大颗的鹅卵石,跟自由流动的水一样好玩。因为沙子也具有流动性,可操作性,而且沙与水结合又会产生不同的可塑效果。沙区同样为幼儿提供了丰富的材料,以支持幼儿去发现探索,在与同伴共同玩耍过程中促进幼儿多方面发展。

种植区

"看,这是我们的种植区,自己播种、自己管理,感觉自己好能干!"

幼儿在对自然事物探究的过程中,能获得丰富的感性经验。结合我们的种植工坊,融合养成教育,为幼儿提供丰富的种植工具与材料,让幼儿自由探索自己想要种植的农作物等。在让他们亲身体验、实际操作中,去探究发现植物与我们生活之间的联系,养成爱劳动的好习惯,懂得任何食物都来之不易,珍惜粮食。

鹅家的豪宅

"这是我们养的大鹅,那是已经毕业的哥哥姐姐们给鹅装饰的豪宅,好看吧!"

在幼儿园,探索生命的奥秘一直是幼儿感兴趣的话题。除了班级的饲养区域以外,园区内还有一个共同的饲养区,那里住着两只大鹅。在这里,幼儿为鹅建了一个居住地,每周轮流照顾鹅,利用饭后散步等时间观察鹅。在持续性的饲养活动过程中,他们去认识鹅、了解鹅。这也可引导幼儿去明白生命生长的不易,饲养不只是说说而已,我们应去尊重每一个生命,认真对待生命。

第二节 室内环境

每日签到

"我要坚持按时入园,不迟到。"

时间观念的培养并非一朝一夕。相比偶尔一两天的热情,持续坚持对幼儿更具挑战性。从小细节出发,引导幼儿能准时入园签到,根据入园时间,知道晚上要按时睡觉、早上按时起床,学会合理安排好自己的时间,逐渐建立时间观念。

今天我值日

"小值日生要做很多的事情，比如说记录今天的日期、拖地、晾晒毛巾……"

值日生既能够培养幼儿有明确的责任意识，又能够极大地调动幼儿参与劳动的主动性，同时也可培养幼儿为他人、为班集体服务的意识。结合养成教育，根据班级实际情况开展值日生活动，共同商议值日内容，以轮流的方式让每位幼儿参与其中。中大班幼儿在轮流的基础之上，可根据值日任务多少等，请小助手协助完成，培养幼儿分工、协作意识。

天气记录

"今天的天气和昨晚天气预报说的一样的，我需要记在记录板上，让大家都知道。"

天气记录能够帮助幼儿通过多种途径去关注天气变化，了解天气变化对生活的影响，知道不同天气该做好哪些个人护理等，逐步养成幼儿自我服务的能力。天气情况的记录和统计还引发了许多自然科学、数学相关的主题活动。

自己的事情自己做

"不会穿脱衣服?忘了怎么摆放鞋子?别担心,看看我们的步骤图就知道了!"

基本的生活自理能力是幼儿独立生活、适应集体的必备能力之一。根据幼儿年龄特点,从小班开始便持续培养幼儿自我服务的能力、为他人服务的意识,掌握生活中基本的生活技能,逐渐培养幼儿独立自主意识,养成自己的事情自己做,别人的事情帮着做的好习惯。

我们都很棒

"今天我没哭，比昨天棒，可以给自己贴一个'小粘粘'。"

积极的评价能够帮助幼儿发现自己的改变，也能够帮助幼儿发现和学习他人身上好的品质。结合幼儿年龄特点，不同年龄段的评价方式方法不一同，班级教师与幼儿共同商议评价方向，制定奖励规则，鼓励幼儿去发现、说出自己或他人的变化，这既可促进幼儿语言发展，也可让幼儿相互影响，共同进步。

我的环境由我装扮

"这不是吊饰,这是我们的作品,我们的墙上也有好多好看的东西。"

幼儿需要美的环境,我们利用环境创设去满足和支持幼儿感受美、表达美的需要。教师极少干预,将环境创设更多地交与幼儿,利用幼儿的手工作品等去装扮教室,打造幼儿眼中美丽的环境。活动室内的上层空间以吊饰的形式呈现幼儿的创意作品。幼儿目光所及的墙里墙外,我们也都鼓励幼儿运用作品去丰富和装扮。让幼儿成为环境创设的主人公,激发幼儿持续参与艺术创造的兴趣。

标识牌

"这里是保健医生工作的地方；这里是园长妈妈的办公室；这里是开会的地方，我经常看见许多老师来这里开会……"

结合稚趣教育，幼儿在了解了幼儿园的人，了解不同工作岗位的性质与职责后，根据自己的理解，用可爱的画笔绘制出各办公区域标识牌，还认真装饰标识牌的边框。让我们透过幼儿童真的视角了解各个区域的功用。

大邑县建华幼儿园大班体育锻炼记录表

第　　周　　　　　班级：_____　　　　　姓名：_____

日期	1 星期一	2 星期二	3 星期三	4 星期四	5 星期五
运动项目					
我的运动项目					

运动记录表

"这是我们的运动记录表，我每天都会记录，这样就可以知道自己有没有完成运动任务。"

教师结合幼儿年龄特点，在组织开展适宜运动活动的同时，通过体育锻炼记录表，让幼儿及时记录自己的运动情况，引导其对自我的运动情况进行评价。教师也会根据幼儿运动过程中的具体问题和运动目标达成情况，进一步优化调整活动，帮助幼儿养成"乐运动"的好习惯，促进幼儿身体健康发展。

后记

当编写完《稚趣教育理论与实践》文稿，我就迫不及待想要写下这一路的感受，因为这是一个坚实的奋斗过程，更因为过程中真实的情感体验。

这一路，是静心治学的过程。教育若不能静心，则无法真正思考。

我们静下心来学习与研究。从活教育到稚趣教育，我们在学习中获得经典教育理论的滋养与启迪。我们目标清晰、内心坚定，认准"适合幼儿、饶有趣味"的理念，不贪大，不贪高，从身边入手，从生活入手，与幼儿共同学习、共同成长。我们静下心来面对成功与失败。成功时我们总结经验，失败时我们分析原因，努力不让抱怨和气馁浪费珍贵的时间。

这一路，是潜心追寻的过程。我们深知，唯有实干才能带来改变。

我们不否认想要追求好的结果！但在追求好结果的过程中，我们努力摒弃功利与虚荣，从而获得真实的成长。从"活学实践"到"稚趣课程"，我们站在巨人的肩头，寻找自己的方向。回想当初面对的质疑与观望，回想过程面临的困惑与艰难，再看如今大家的坦然与坚定，这是物质与精神的抉择与突破，是思想的升华。

这一路，是诚心遇见的过程。我们怀揣对教育的真诚，感恩每一场遇见。

我们感恩成都未来教育家联盟的引领。罗清红、高翔、周兆伦、何煦、彭海霞、王红宇、叶剑……他们是稚趣教育发生发展过程中离不开的精神支柱。一路走来，我们传承与创新的每一步，都是师父们的鼎力扶持。

我们感恩领导的关怀。大邑县教育局局长杨文学，副局长文毅、顾剑波、文

辉，机关党委书记罗瑾，前副局长包蕾……是他们的关爱与支持，让建华幼儿园从一所新建薄弱园发展蜕变为品牌优质园。教育局各科室站的领导，学前组成员雷春梅、曹莉、黄素芳、鲜丹、万婷，都给了我们许多帮助。成都市第一教育联盟龙头园成都市第十三幼儿园两任园长黄萍、唐琳，先后多次到建华幼儿园实地指导。大家的关心与帮助，让稚趣教育在"美丽而有温度的大邑教育"品牌建设中，长于乡村，面向未来。

我们感恩专家的指导。中国教育学会成都未来教育家延伸项目为建华幼儿园带来持续的专业引领。杨念鲁、姚文忠、柯小卫、李克建、钱雨、彭俊英、刘裕权、张泽东、李姗泽、鄢超云……专家一路问诊把脉，倾心助力建华幼儿园成长。同时，万分感激张泽东教授在百忙之中抽出时间为本书作序。

我们感恩努力的团队。正是每一位建华人的团结、奋斗、拼搏、奉献，让"适合幼儿、饶有趣味"流淌在建华幼儿园的每一个日常，让稚趣教育从理想变为现实。感恩每一位教职员工的家属，因为他们的理解、支持、温暖、包容，我们才真正成为"自信阳光的中国幼教人"。

鲁雪莲名师工作室（市级、县级）的全体成员及其所在单位对稚趣教育理论与实践研究工作给予了大力支持，成都市陶行知研究会李清秘书长、李海燕老师全程参与并指导本书的出版策划，出版社副编审、四川省作家协会会员王三炯老师悉心指导本书的文稿编撰，在此致以衷心的感谢。

稚趣教育之路在大家的帮助下有了好的开端，未来还要付出更多的努力。这是我们的第一本拙著，既是对过去五年奋斗历程的阶段总结，也是我们面向下一个目标的出发起点。由于作者水平有限，书中疏漏之处一定很多，敬请大家批评指正！